In tiefer Verbundenheit
all jenen gewidmet, die ich loslassen musste.
Vor allem jedoch Christiane, Rudi, Brew,
Stefan, Herrn Pünker, Fiby,
Kapitän Schnurr, Vanny und Dobo.

Katja Kaminski

Vogelfrei

Die Kunst des Loslassens

© Katja Kaminski, 2019
Covergestaltung: Sebastian Wegele
Bild: ©Yakobchuk Olena #199356823
Herstellung und Verlag:
BoD – Books on Demand, Norderstedt
ISBN: 978-3-7504-2120-2

Inhalt

Der Zauber des Nicht – Vergessens

Leise Musik und Kerzenschein erfüllten Omas
Wohnzimmer, als Lara den Raum betrat. Heute war
Weihnachten. Ein besonderer Zauber lag in der Luft. Lara
atmete ihn tief ein und lächelte. Oma saß auf ihrem
Schaukelstuhl, wie es immer war, wenn Lara sie besuchen
kam.
Bevor Lara Weihnachten feierte, kam sie immer alleine zu
Oma. Oma nannte das die „Lara-Oma-Zeit". Und die
„Lara-Oma-Zeit", so hatte sie gesagt, war ganz wichtig.
Als Lara sie gefragt hatte, was denn so wichtig daran sei,
hatte Oma nur geseufzt und „Die Zeit ist vergänglich,
mein Mädchen!" gesagt. Lara hatte das nicht verstanden.
Also hatte sie nur schweigend genickt und gewusst, dass
Oma recht haben musste. So hatten sie viele
Weihnachtsstunden zusammen verbracht, und Oma hatte
Geschichten erzählt. Geschichten aus dem Leben, das
Lara noch gar nicht richtig kennengelernt hatte.
Lara bestaunte die vielen Kerzen im Raum. Einen
Weihnachtsbaum besaß Oma nicht. Sie sagte immer, dass
sie es blöd fände, einen Baum für sich sterben zu lassen.
„Bloß um ihn zu schmücken, das geht doch nicht!", hatte
Oma immer gesagt und den Kopf geschüttelt. Also
sammelte Oma seit vielen Jahren die achtlos
liegengelassenen Tannenzweige der Nachbarn, um damit
ihren Tisch zu zieren.
Heute sah dieser ganz besonders schön aus. Ein Teller mit
Selbstgebackenem ließ Lara das Wasser im Mund
zusammenlaufen. Und da, auf dem Tisch, stand noch

etwas. Eine kleine Schachtel. Ein Geschenk.

„Von Oma für die liebe Lara" stand in großen Buchstaben darauf. Laras Augen leuchteten beim Anblick des Geschenks. Wenn sie etwas von Oma bekam, war es immer etwas ganz Besonderes. Oma hatte nicht viel Geld, das wusste Lara doch. Also waren ihre Geschenke immer sehr, sehr wertvoll. Als sie der Oma das gesagt hatte, hatte diese geantwortet: „Ja, innendrin sind sie so viel wert. Den echten Wert findet man nur innen." Oma hatte geheimnisvoll gelächelt und gewusst, dass Lara das noch nicht verstehen konnte.

Lara ging auf Oma zu und nahm sie in die Arme. „Danke! Für das Geschenk, den Kerzenschein. Und dafür, dass es dich gibt!", flüsterte sie. Und Oma küsste ihr dafür die Stirn, wie sie es immer schon getan hatte.

Lara öffnete vorsichtig das Geschenk. Die rote Schleife würde sie sich aufheben. Als Lara den Deckel der kleinen Schachtel öffnete, sah sie vor sich eine wunderschöne Kette. Viele Edelsteine zierten sie, in vielen Farben strahlte das Geschenk und machte Laras Augen ganz feucht.

Lara staunte. „Oma", rief sie, „sie ist so schön. Ich hätte gar nicht damit gerechnet, eine solche Kette zu bekommen. Ich hatte mir sie schon so lange gewünscht." Oma nickte und Lara entdeckte ein verschmitztes Lächeln in ihrem Gesicht. „Vor zwei Jahren schon", meinte Oma und streichelte dabei Laras Rücken. „Ich habe das nicht vergessen."

So sehr Lara die Freude über die schöne Kette, die Wärme des Lichts und die Anwesenheit ihrer geliebten Oma berührte, so aufdringlich wurde auch die Traurigkeit, die ihr Gesicht zeichnete.

Oma entging das nicht. Und so breitete sie mit all der Liebe in sich die Arme aus, um ihre Enkelin darin zu betten.

Lara atmete Omas Geruch, war glücklich und traurig zugleich, konnte gar nicht sprechen und wollte doch so viel erzählen. So sehr musste sie an Salih denken, der nur eine Straße von Oma entfernt wohnte. Salih und Lara waren beste Freunde. Unzertrennlich für immer. Für immer Freundschaft. Für immer Salih und Lara.

„Oma", sagte Lara etwas beschämt, „bitte sei nicht böse! Ich freue mich so sehr über die Kette, wirklich. Aber weißt du, der Salih, der kann mit seinen Eltern heute gar kein Weihnachten feiern. Sie haben kein Geld dafür und jeder bekommt etwas, nur Salih nicht."

Lara blickte in Omas Gesicht. Ihre weisen, liebevollen Augen glänzten im Schein des Kerzenlichts. Und dann zeichnete sich in ihrem Gesicht das wohl schönste und ehrlichste Lächeln ab, das Lara je gesehen hatte.

„Lara", sprach Oma, „jetzt weiß ich, dass die Kette genau das richtige Geschenk für dich war. Wie könnte ich mir nur sicherer sein?" Leise begann Oma zu schluchzen. Vor Glück, Trauer und Menschlichkeit.

Lara blickte erstaunt auf. Oma beugte sich zu Lara und begann zu flüstern: „Vor vielen, vielen Jahren – weitaus mehr als du dir womöglich vorstellen kannst, bekam ich diese Kette von meiner Oma geschenkt. Damals hatte sie mir gesagt, die Zeit wäre vergänglich. Aber es spielte auch keine Rolle, so hatte sie gemeint, solange es den Zauber des Nicht - Vergessens gäbe.

Kurze Zeit später hatte sie uns verlassen müssen."

Eine kleine Träne bahnte sich den Weg durch Omas Gesicht, über all die Geschichten erzählenden Falten und Furchen, die Oma immer „die Spuren des Lebens" nannte.

„War sie einfach weg?", fragte Lara verwundert. Aber Oma schüttelte bedächtig den Kopf und antwortete: „Nein. Natürlich nicht. Sie ist nur umgezogen."

Dabei nahm sie Laras Hand. „Niemand ist einfach so weg, gar niemand. Wir müssen uns nur an ihm festhalten."

„An wem müssen wir uns festhalten?", fragte Lara verwirrt.

Da streichelte Oma über Laras noch so kleine Hand und flüsterte: „Am Zauber des Nicht - Vergessens."

Lara verstand.

„Und jetzt", sagte Oma, „geh zu Salih und seinen Eltern. Sag ihnen, sie sind willkommen! Lass sie teilhaben an dem Schatz, den du in dir trägst. Es ist der Zauber des Nicht - Vergessens."

In diesem Moment erfüllte Lara ein Gefühl des Glücks, wie sie es nie zuvor hatte erleben dürfen. „Oma", sprach sie, bevor sie ihr erneut in die Arme lief, „ganz egal, was alle da draußen sagen. Ich glaube, DAS ist Weihnachten!"

Oma nickte. Und so standen sie da. Eine kleine Lara und ihre Oma, die nicht viel größer war. Alt und jung, erfahren und unerfahren. Arm in Arm und voller Liebe, so lagen sie sich in den Armen, spendeten sich Trost und Verständnis.

Lara verstand so viel, genau jetzt.

Als Oma letztes Jahr an Weihnachten gesagt hatte: „All die Menschen, die schenken das Falsche. Sie schenken

Nutzloses, Vergängliches. Sie schenken vermeintlich Wertvolles ohne jeglichen Wert.", hatte Lara nicht begriffen, was Oma ihr damit sagen wollte. Heute wusste sie, was sie gemeint hatte. Schnell zog sie sich die Schuhe an und lief hinüber zu Salih und seiner Familie. „Wir feiern Weihnachten!", rief sie, „Aber das Richtige! Kommt schnell, lasst uns zusammen sein!"

Salih verstand nicht, aber mitsamt seinen Eltern begleitete er Lara zu Omas Haus, in dem mittlerweile auch Laras Eltern angekommen waren.

Oma blickte weise, aber auch sehr müde von ihrem Schaukelstuhl auf.

Sie hieß ihre Gäste willkommen und winkte Lara noch einmal zu sich.

Dann flüsterte sie ihr ins Ohr: „Die Zeit ist vergänglich, Lara. Irgendwann werde auch ich umziehen. Dann aber, mein Mädchen, hältst du dich fest an unserem Zauber. Ganz tief in dir wird er immer sein, glaub mir. Und dann wirst du dich zurück erinnern an heute. An den Tag, an dem wir gemeinsam herausgefunden haben, was Weihnachten ist."

Lara legte seufzend ihren Kopf in Omas Schoß und streichelte ihr die von Falten gezeichnete Hand. Sie atmete Omas Geruch, der sie immer an Bratäpfel erinnerte, tief ein und umklammerte mit der anderen Hand die Kette, die Oma ihr geschenkt hatte.

„Lass uns zu den anderen gehen", sagte Oma, „wir feiern gemeinsam. Das Fest der Liebe. Ohne Baum und viele Geschenke. Aber mit all dem Wertvollen." Oma zwinkerte verschmitzt. Lara nickte. Abermals verstand sie.

Und so saßen sie da bis in die Nacht: Lara, Salih, Oma, Laras und Salihs Eltern. Niemand war fremd, keiner war arm. Den Abend erfüllte das Miteinander und im Zimmer lag dieser ganz besondere Zauber.

Julchen

Heute, an diesem Samstagmorgen, läutete das Telefon und Julchen wurde eingeladen.

Zu Opa, diesem Lieblingsopa, der dort unten an der Mühle in seinem alten Holzhaus ganz alleine lebte und immer frisches, warmes Brot gebacken hatte, wenn Julchen ihn besuchen kam.

Ganz geheimnisvoll hatte er am Telefon zu ihr gesprochen. Er wolle sich mit ihr unterhalten, sie solle doch gleich bis Sonntag bei ihm bleiben.

Und Julchen freute sich auf die anstehende gemeinsame Zeit.

Schnell zog sie sich an und rannte los, sprang über Stolpersteine und passte stets auf, keine Käfer zu zertreten. Darum hatte sie Opa immer gebeten.

Der morgendliche Nebel lag schwer über der Landschaft, wurde aber an manchen Stellen von einigen Sonnenstrahlen gebrochen. So manches Spinnennetz wurde in all seiner Kunst sichtbar und es war ganz still.

Keinen Ton hörte Julchen, noch nicht einmal das Singen der Vögel begleitete sie auf ihrem Weg.

Opas Mühle konnte sie schon sehen. Malerisch fügte sich das alte Häuschen in die Landschaft ein, und auf einem kleinen Hügel daneben blühte Opas so geliebter Holunder.

Julchen hatte Opas Mühle erreicht und die Wiedersehensfreude war riesig, auch wenn heute irgendwas anders war als sonst.

Opa hatte gebacken, wie immer. Über Jahrzehnte hinweg

hatte er das Getreide zu Mehl gemahlen und frisches Brot gebacken. Früher war er dafür noch bezahlt worden, bis große Supermärkte aus dem Boden schossen und die Kundschaft fernblieb. Aber er hatte nie aufgehört zu backen, sondern das Brot von nun an verschenkt an jene, die zu alt und gebrechlich waren, um das Haus noch zu verlassen. Oder an solche, die kein Zuhause, aber dafür großen Hunger hatten.

Julchen riss sich ein großes Stück Brot vom warmen Laib ab und biss schnell hinein. Dabei schloss sie genussvoll die Augen und summte ein „Mmmmmh". Opa legte liebevoll den Arm um seine geliebte Enkelin und sah sie bewundernd an. Welch Sanftmut und Dankbarkeit sie doch ausstrahlte!

Zärtlich küsste er sie auf die Stirn und flüsterte: „Komm, Julchen, ich muss dir etwas zeigen!"

Dann nahm er behutsam ihre Hand und führte sie um die Mühle herum. Das alte Mühlrad stöhnte angestrengt und brachte das Wasser zum Plätschern, wie es das immer getan hatte.

Opa bückte sich. Es fiel ihm schwer, sein Körper war schwach geworden. Opa führte Julchen in eine kleine Nische. Von hier aus konnte man den blühenden Holunder betrachten und das schwere Wasserrad befand sich direkt neben ihnen. Julchen staunte, hatte sie diesen Platz doch noch nie entdeckt.

„Hier war ich ja noch nie, Opa!", sprach Julchen begeistert. Opa nickte bedächtig und flüsterte: „Das ist mein Lieblingsplatz, Julchen. Es ist an der Zeit, ihn dir zu zeigen."

Opa und Julchen sahen sich an. Er, Opa, sah sie. Dieses junge Mädchen mit einem großen Herzen und so viel Unerfahrenheit. Oh, könnte er sie doch nur das ganze Leben lang begleiten …

Julchen dagegen betrachtete Opa aufmerksam. Tiefe Falten zierten sein Gesicht. Sein Ausdruck war müde und angestrengt. Aber da war auch immer noch die Wärme zu spüren, die von Opa immer schon ausgegangen war. Und Weisheit, Erfahrung – all das, was Julchen noch ganz fremd war.

Alt und jung, erfahren und unerfahren saßen sie da, aßen gemeinsam Brot und Opa setzte zum Erzählen an.

„Julchen, wir müssen uns unterhalten. Du weißt, der letzte Winter war hart und hätte mich fast das Leben gekostet."

Er stockte und es schien, als würde sich ein schwacher Schatten über sein Gesicht legen.

Julchen nickte und erinnerte sich schmerzhaft daran zurück, als Opa krank geworden war und plötzlich im Wachkoma im Krankenhaus gelegen hatte. Es tat ihr weh, diese Erinnerungen auszugraben.

Opa fuhr fort: „Julchen, die Dinge kommen und gehen zu ihrer Zeit. Dort im Krankenhaus, das war einfach nicht meine Zeit. Ich hätte so nicht gehen können. Ein wichtiges Gespräch mit dir stand doch noch an. Bevor man geht, sollte man alles erledigt haben, was von Belang ist",
sprach er und blickte gedankenverloren Richtung Holunder.

Julchen verstand nicht, legte ihre Hand in die ihres Großvaters und sah ihn fragend an.

„Ach Julchen, ich war nie fort von hier. Jahrzehnte lang

habe ich in diesem Häuschen gelebt und meine alte Mühle hat jeden Tag lebenswert gemacht."

Zärtlich berührte er das alte Rad, das schwer ächzte und mühsam seine Runden drehte. „Mein treues altes Mädchen", murmelte er vor sich hin, den Kopf dem Mühlrad zugewandt. Dann sprach er weiter: „Ich habe mein Leben lang gearbeitet. Sieh dir meine Hände an, Julchen!", und Julchen sah sie sich an.

Große Hände, durchzogen von tiefen Furchen und dicker Hornhaut, von verheilten Wunden und vernarbten Stellen. Sie ballten sich zur Faust, aber es sah längst nicht mehr kraftvoll aus.

„Ich möchte dir einen Rat geben, mein Julchen! Ich habe Jahrzehnte damit zugebracht, Brot zu backen und mit dieser alten Mühle zu leben. Wie ein altes Ehepaar haben wir Hand in Hand gearbeitet, viel gegeben und gekämpft. Und ich wünsche mir, dass du es in deinem Leben anders machst." Opas Kopf neigte sich ein wenig, sein Blick wirkte sehnsuchtsvoll und traurig. „Julchen, lebe! Reise, sieh dir die Welt an, tu das, wonach dir der Sinn steht. Male, singe oder sieh dir den Holunder an. Aber widme dich nie nur der Arbeit, das Leben bietet so viel mehr!", sagte Opa.

Julchen lauschte gespannt und fühlte, dass dies ein wichtiges Gespräch war. Sie legte ihre kleine Hand auf Opas Schulter und vergewisserte sich: „Du meinst also, ich soll immer tun, was ich will?" Opa nickte und sie fuhr fort: „Aber Opa, wenn du nie reisen konntest, warum tust du es nicht jetzt noch? Du brauchst kein Brot mehr zu backen und kannst dir die Welt ansehen!" und er lächelte verschmitzt.

„Ich werde auf eine große Reise gehen, Julchen", sprach Opa. „Die Mühle und ich, wir sind müde geworden. Es ist längst an der Zeit, die Arbeit Arbeit sein zu lassen. Wir haben unseren Dienst geleistet und mein Mädchen hat sich den Ruhestand verdient."

Opa berührte erneut zärtlich das Rad der alten Mühle, die sich schwerfällig bewegte und scheinbar noch nicht aufhören wollte zu arbeiten.

In seinen Augen vermochte Julchen eine Träne der Rührung zu entdecken.

„Wohin möchtest du denn reisen?", fragte sie erstaunt.

Opa legte erneut seinen Arm um ihre Schultern, ließ den Blick über all das schweifen, was vor ihnen lag und erwiderte: „Für mich ist es an der Zeit zu gehen und losgelassen zu werden. Ich liebe mein Leben und dich, die Mühle und alle, die mir nahe stehen. Aber mein Körper tut an allen Ecken weh, mich durchzieht die Müdigkeit. Der Holunder jedoch", sagte er und deutete mit dem Kopf auf den kleinen Hügel da drüben, „bleibt und blüht. Er wird immer an mich erinnern."

Opas Kopf lehnte sich an Julchens, die ein wenig weinen musste. Sie liebte Opa und verstand, was er ihr gerade mitgeteilt hatte. Aber ihr wurde in diesem Moment auch bewusst, wie besonders und wertvoll die Zeit mit ihm war, die er ihr alleine widmete.

Er blickte auf ein langes Leben zurück, das sie noch vor sich hatte. Vieles hatte sie von ihm gelernt, ihm bewundernd zugehört und sich zu Herzen genommen, was er gesagt hatte.

Opa und Julchen unterhielten sich noch bis zum frühen Abend, als Opa sich ins Bett verabschiedete.

Am nächsten Morgen setzten sie sich erneut in die kleine Nische beim Mühlrad, blickten auf den blühenden Holunder, fröstelten im morgendlichen Nebel, der das Land bedeckte, und rückten näher zusammen.

Das Mühlrad stand still.

Die Mühle hatte ihren Dienst getan, so hatte es Opa gesagt. Es war an der Zeit losgelassen zu werden. Als hätte Opa mit dem Stillstand des Mühlrads gerechnet, streichelte er mit seiner von Arbeit gezeichneten Hand über das alte Holz und senkte den Blick. In seinem Ausdruck lag Dankbarkeit und Erleichterung. Er schien sich im Klaren zu sein, dass alle Dinge zu ihrer Zeit kommen und gehen.

Die beiden saßen erneut nebeneinander und Stille legte sich übers Land.

Hand in Hand saßen sie dort und die Zeit schien still zu stehen. Geräuschlos spielten die Sonnenstrahlen mit dem Nebel, das Holzhaus knackte wie gewohnt und Opa wirkte zufrieden.

Als er an diesem Tag in Julchens Beisein zum letzten Mal die Augen schloss, umhüllte sie alles Gesagte wie ein Zauber.

Das Mühlrad setzte sich ächzend in Bewegung und drehte noch diese eine müde Runde zum letzten Gruß. Opas Hand lag in der des Julchens und um sie herum herrschte Frieden. Die Mühle hatte die Arbeit endgültig beendet. Und da drüben blühte noch immer der Holunder, gleich neben Opas Lieblingsplatz.

Lilli

Es war Samstag. Lillis Blick auf den Regen, der draußen vor dem Fenster unaufhörlich vom Himmel fiel, machte es nicht besser. Auf ihrem Bett sitzend verfolgten ihre Blicke die Blätter der Bäume, die der Herbstwind ein Stück weit durch den Regen wehte, bevor sie sich zu Boden legten. Auch Lilli fühlte sich so. Zu Boden gelegt und weggeweht, so nass geweint.

Zoey war gegangen, Lillis beste Freundin sollte für immer fort sein. Eine wunderschöne Hündin war sie gewesen, bevor die Zeit sie grau gemalt, und die Krankheit sie gezeichnet hatte. Erst vor einer Woche war sie gestorben. Lillis Welt stand still.

So oft musste sie an die vielen Jahre mit Zoey denken. An ihre gemeinsamen Spaziergänge, das Kuscheln vor dem warmen Kamin im Winter, an Zoeys vorfreudiges Winseln, wenn Lilli dabei war, sich die Schuhe anzuziehen.

Lillis Eltern gaben sich alle Mühe, sie aufzufangen. Sie wusste das. Und doch konnte sie gerade gar nicht hören, war ihre Eltern zu sagen hatten. Sie wollte nicht hören, dass sie eines Tages wieder glücklich sein würde. Sie wollte auch nichts davon wissen, dass Zoey nunmal sehr alt gewesen und jetzt von ihrem Schmerz erlöst worden war.

Eigentlich wollte sie nur bei Zoey sein. Zusammen, wie sie es auch früher immer gewesen waren. Beste Freundinnen für immer, wie Lilli es ihrer Zoey so oft ins Ohr geflüstert hatte.

Aber Mama hatte andere Pläne, gerade heute. „Komm, wir machen einen Ausflug. Das lenkt uns alle ab!", sagte sie, als sie die Türe zu Lillis Zimmer öffnete. Auch in ihrem Gesicht stand seit Zoeys Tod die Traurigkeit geschrieben. Wortlos stand Lilli auf und folgte ihrer Mutter lustlos zur Garderobe, um sich anzuziehen.

Sie hatten vor, einen Kunsthandwerkermarkt zu besuchen. Lillis Eltern wollten das.

Lilli jedoch hätte nichts dagegen gehabt, den ganzen Tag ins Leere zu starren und in Gedanken Zoey ganz nah zu sein.

Schweigend verließen sie zusammen das Haus.

Mama, Papa, Lilli.

Eine gefühlte Ewigkeit liefen sie nebeneinander durch die Stadt, jeder in sich verloren. Die Leere schien in jedem dieser drei Verbundenen laut zu schreien. Das Halten ihrer Hände spendete keinen Trost, der Platz neben ihnen blieb unwiderruflich leer.

Als sie den Markt erreichten, hielt Lilli die Gesellschaft ihrer Eltern nicht mehr aus. Gar nichts mehr konnte sie aushalten. Und eigentlich wusste sie auch nicht, was sie hier zu suchen hatte. Sie zupfte Papa, der sich gerade Instrumente ansah, am Ärmel. „Du", sagte sie, „ich geh selbst ein bisschen umher, ja?" Papa nickte betrübt und Mama küsste sie wortlos auf die Stirn.

Lilli schlenderte durch den Regen, vorbei an Gemälden und Keramik. Nicht einmal die schönen Kerzen bemerkte sie. Der kalte Matsch am Boden, der sich um ihre Schuhe legte, schien Lillis Stimmung beschreiben zu wollen. Es gelang ihm viel zu gut. Dicke Regentropfen trafen ihr von

20

Traurigkeit gezeichnetes, zartes Gesicht.

Als Lilli kurz den Kopf hob, erblickte sie ein Zelt vor sich. Bunt bemalt stand in großen Buchstaben „Märchenzelt" auf einem Schild davor.

Märchen fand Lilli gerade echt doof. Nicht immer, aber meistens. Bevor sie jedoch weiterging, wollte sie einen Blick ins Innere des Zeltes werfen. Die Bodenplane war von farbigen Decken und Kissen bedeckt, es roch nach Sandelholz und schönen Träumen, eine kleine Kerze brannte und bettete alles in ihren Frieden. Doch das Zelt schien menschenleer zu sein.

Lilli blickte sich um und fühlte sich unbeobachtet.

Nur für einen Moment wollte sie das Zelt betreten, mit geschlossenen Augen atmen und gleich wieder gehen. Bevor Lilli die schönen Decken betrat, zog sie sich die durchnässten Schuhe aus und stellte sie sorgfältig nebeneinander.

Schön war es hier, fern vom Regen und der Kälte.

Lilli setzte sich auf eines der Kissen – nicht ohne eine Bewegung neben sich zu bemerken. Sie blickte auf und sah direkt in die Augen eines Hundes, der nicht weniger erstaunt zu sein schien als sie selbst. Das erste Lächeln seit Zoeys Tod huschte über Lillis Gesicht. Der unbekannte Hund schien seinen ganzen Mut zusammenzunehmen, kam näher und begutachtete das fremde Mädchen neugierig. Lillis spreizte ihre Arme und eine Träne bahnte sich den Weg über ihre Wange, als sich der noch so fremde Hundekopf auf ihren Schoß legte. Tief vergrub sich Lillis Gesicht im weichen Fell des Hundes, den sie ausgiebig streichelte und dessen Sanftheit sie im

Kerzenschein bewunderte.

„Ich bin die Lilli", flüsterte sie, nicht ohne sich noch einmal zu vergewissern, dass sie hier alleine war, „und ich hatte bis vor kurzem auch eine Hundefreundin. Sie war so weich wie du. Ich weiß nicht, wie du heißt. Aber es ist schön, dass du hier bist." Als hätte der Hund sie verstanden, legte er seine Pfote in ihre Hand und schmiegte seinen Kopf an ihren.

Eine Ewigkeit schien zu vergehen, in denen Lilli nur Lilli war. Mit all ihrem Kummer und Schmerz, aufgefangen von diesem ihr so fremden Wesen. All die Wärme saugte sie auf, umgeben von den bunten Decken und dem sanften Duft von Sandelholz. Als Lilli ein Geräusch hinter sich vernahm, erschrak sie. Schnell drehte sie sich um und erblickte eine Frau.

Bekleidet mit einem langen, grünen Kleid und mit einem freundlichen Lächeln im Gesicht, schien sie nicht weniger überrascht zu sein, als Lilli es war. Lilli stand schnell auf und schämte sich ein wenig, war sie doch einfach in das fremde Zelt gelaufen und hatte sich gesetzt. Der fremden Frau schien ihr Unwohlsein aufzufallen, und als Lilli schnell die Jacke um sich legte, um das Zelt zu verlassen, sprach sie voller Sanftmut und Neugierde: „Bleib doch, du bist willkommen!" Lilli zögerte einen Moment.

Aber die ihr fremde Frau blickte freundlich drein und der Hund sah sie so erwartungsvoll an, dass sie sich abermals auf den Kissen niederließ. Unsicher reichte sie der Frau die Hand, als sich diese vorstellte. „Ich bin Nala und das hier ist Magia", sagte sie, während sie auf den Hund deutete. „Magia?", fragte Lilli, „das ist aber ein komischer

Name."

Nala lächelte wieder. „Magia heißt „Zauber" auf spanisch. Ich bin viel gereist und habe viele Länder besucht. Als ich in Spanien war, begegnete mir diese zauberhafte Hündin. Eines Tages suchte sie mich auf und ging nie wieder fort. Wenn ich Kindern in meinem Zelt Märchen erzählte, saß Magia stets bei ihnen und lauschte. Seitdem ist sie meine Weggefährtin."

Zärtlich und voller Liebe streichelte Nala über Magias Kopf. „Und warum heißt sie „Zauber"?", fragte Lilli.

„Weil sie wirklich zaubern kann", antwortete Nala leise und sah dabei ganz geheimnisvoll aus. Geheimnisvoll und ganz schön. Und weil Lilli so erstaunt wirkte, fügte sie hinzu: „Magia kann zaubern, dass niemand mehr traurig ist. Sie zaubert Kindern ein Lächeln ins Gesicht und die Wärme ins Herz. Wenn das kein Zauber ist, was denn dann?" Nala zwinkerte und Lilli verstand.

So schön Lilli die Geschichte auch fand, so sehr erinnerte sie sie an Zoey, die sie doch so sehr vermisste. Als sie die Tränen in ihren Augen aufsteigen spürte, blickte sie schnell zu Boden. Aber Nala und Magia hatten längst bemerkt, dass es Lilli nicht gut ging. Während Magia ihren Kopf an Lillis Hüfte schmiegte, legte sich Nalas Hand sanft in Lillis Gesicht. „Was ist denn los? Habe ich etwas Falsches gesagt?", fragte sie besorgt. Eifrig schüttelte Lilli ihren Kopf. „Nein, nein. Es ist nur ..."

Wieder blickte Lilli nach unten und versuchte, ihre Tränen zurückzuhalten. „Vor einer Woche starb meine Hundefreundin Zoey." Lilli legte sich die Hände über das Gesicht. Träne für Träne kämpfte sich nach draußen, und sie konnte nichts mehr dagegen tun.

Nala setzte sich vor Lilli und schlang die Arme um sie, während Magias weicher Kopf Lillis Schoß warm werden ließ. „Ich verstehe. Aber weißt du", flüsterte Nala, „du darfst nicht versuchen, gegen die Tränen anzukämpfen. Sie wollen raus. Lass sie gehen!"

Und da schluchzte Lilli. Nichts mehr konnte aufhalten, was in ihr vorging. Sie weinte und weinte. Als sie sich schon ganz entkräftet fühlte, fing Nala eine ihrer Tränen auf. „Schau", sagte sie leise, „eine Zauberträne!" Lilli blickte ratlos auf. Nala fuhr fort: „Jede deiner Tränen sammelt einen kleinen Funken Schmerz in sich und trägt ihn aus dir heraus. Die Tränen werden irgendwann weniger, dann lässt der Schmerz nach." Lilli verstand nicht. Also erklärte Nala: „Jetzt muss ganz viel Trauer nach draußen, und all die Wut und Ohnmacht. Weil da so viele Tränen sind, siehst du nur verschwommen." Nala kam näher und flüsterte Lilli ins Ohr: „Wenn nur noch manchmal Tränen fließen, siehst du wieder klarer und hast eine ganz andere Sicht auf das Geschehene. Jetzt tut alles weh. Irgendwann wirst du es schaffen, die schönen Erlebnisse mit deiner Zoey in Erinnerung zu behalten und den Schmerz gehen zu lassen."

Lilli blickte ungläubig. „Meinst du wirklich?", fragte sie. Eifrig nickte Nala. „Ich verspreche es dir!" Und Lilli glaubte ihr.

„Normalerweise", sprach Nala, „erzähle ich hier im Zelt Geschichten. Dir werde ich keine erzählen. Weil du deine eigene schreiben wirst."

In Nalas Augen funkelte ein Zauber, der Lilli faszinierte.

Und obwohl sie nicht verstand, nickte sie. „Ich schreibe gemeinsam mit dir deine Geschichte. Der Schluss der Geschichte aber", sprach Nala ruhig und geheimnisvoll, „wird alleine von dir bestimmt. Das Ende der Geschichte lassen wir frei, damit du deine Zeilen dazu schreiben kannst, wenn die Tränen weniger geworden sind und deine Augen dich klarer sehen lassen."

Lilli nickte. Nala nahm sich einen Stift und Papier. Während Lilli von Zoey und allem, was so weh tat erzählte, schrieb Nala mit. Über ihr Gesicht huschte dabei manchmal ein sanftes Lächeln. Aber immer wieder erkannte Lilli auch einen Anflug der Traurigkeit. Lilli wollte niemanden traurig machen. Und doch brachte es die Geschichte mit sich. Nala schrieb und schrieb, das Ende der Geschichte jedoch blieb offen.

Als sich Nala, Lilli und Magia an diesem Tag verabschiedeten, war ein Zauber anwesend. Ein wenig Zoey erfüllte das Zelt, ein Funken Wärme fand sich in Lilli und Freundschaft lag in der Luft, die sie alle atmeten. Lilli versprach, die Geschichte erst zu Ende zu schreiben, wenn die Tränen weniger, und die Sicht klarer geworden wäre. Dafür wollte sie sich Zeit lassen. Und nächstes Jahr im Herbst würden sie sich alle wieder treffen. Nala, Magia und Lilli. Hier auf dem Kunsthandwerkermarkt, in Freundschaft, mit ihrem Geheimnis. Mit der Geschichte, die nur sie kannten. Lilli würde sie ihnen dann vorlesen. Ein wenig traurig, doch auch sehr bereichert, verabschiedeten sich die Freundinnen für dieses Jahr voneinander und Lilli suchte ihre Eltern am Markt auf. Sie hatten sich bereits Sorgen gemacht. Und doch waren sie so froh, weil Lilli nicht mehr von dieser einstigen Schwere umgeben wurde.

Was es mit dem Papier in ihren Händen auf sich hatte, wollte Lilli nicht verraten. Sie sagte nur: „Es ist meine Geschichte. Sie ist noch nicht zu Ende geschrieben, also bleibt sie erstmal nur bei mir. "Mama und Papa nickten und waren ahnungslos, was mit Lilli passiert war.

Die nächsten Monate waren noch schwierig für Lilli. Immer wieder erlebte sie Tage, an denen sie viel weinen musste. Aber sie kämpfte, dachte an Nalas Worte und versuchte, alle Zauberträne aus sich heraus zu weinen. Sie erinnerte sich ihrer Erlebnisse im Märchenzelt und an das Versprechen, das sie sich selbst, Nala und Magia gegeben hatte.

Erst im Sommer des nächsten Jahres war es so weit, dass Lilli sich sicher sein konnte, dafür bereit zu sein, ihre Geschichte zu Ende zu schreiben. Zum ersten Mal seit der Begegnung mit Nala und Magia las sie, was Nala aufgeschrieben hatte. Sie las von sich selbst und Zoey. Von ihren Spaziergängen und den Kuscheleinheiten. Vom Freundinnensein und dem Vertrauen.

Ihre Geschichte war nicht kurz – aber wie sollte sie das auch sein, nach zehn gemeinsamen Jahren? Lilli las: „... so sehr Lilli auch an Zoey dachte, und so stark sie war, blieb ihr doch diese Liebe. Lilli hatte verstanden, dass sie Zoey nicht zurückholen konnte. Sie hatte begriffen, dass ein Abschied auch einen Neuanfang mit sich bringt. Mit all diesem Wissen in sich gelang es Lilli, Zoey ..."

Mehr stand da nicht. Nur wenig Platz blieb Lilli, um die Geschichte zu vervollständigen. Lilli atmete durch, nahm all ihren Mut zusammen, griff nach einem Stift und schrieb „loszulassen."

Bald schon würden sie sich wiedersehen. Nala, Lilli, Magia. Dann würde sie ihnen die Geschichte vorlesen. Darauf freute sie sich schon. Und weil sie noch ein wenig Platz am Rand des Zettels fand, malte sie in bunten Buchstaben: „Zoey. Nala. Magia. Lilli. Vogelfrei!" darauf. Lilli hatte eine andere Sicht auf die Geschehnisse gewonnen. Eine klarere Sicht. Aber Zoey, die spürte sie in sich. Immer war sie dabei und passte auf Lilli auf. Wie sollte es schon anders sein?

Herr Bert und das Leben, das doch eines war

Herr Bert stützte den Kopf auf seine Hände, am Küchentisch sitzend, wie so oft. Der kalte Regen peitschte ans Fenster und alles versank im ewigen Grau, das Herrn Bert schon so lange begleitete.

In der Nachbarschaft war er nicht sonderlich beliebt, galt als grimmiger Sonderling und unfreundlicher Zeitgenosse. Freundinnen oder Freunde gab es nicht in seinem Leben, und so verbrachte er Tag für Tag damit, in Gedanken zu versinken.

Seine Arbeit hatte er längst verloren. „Sie sind nicht mehr fähig zu arbeiten", hatte sein Arzt gesagt und damit sein gesamtes Leben auf den Kopf gestellt. Schuld dafür war all das Grau, all die Traurigkeit in Herrn Berts Leben, die ihn oft so unerreichbar und forsch wirken ließ.

Nun lebte er den Stillstand, den er nie haben wollte. Einst war er glücklich gewesen, zusammen mit seiner Familie, die es nicht mehr gab. Seine Kinder waren groß geworden und ausgewandert, seine Frau war gestorben. Und er? Er saß hier alleine und wusste nichts mit sich anzufangen. Manchmal raffte er sich auf, zog sich schwerfällig an und ging spazieren. Er trottete dann durch die triste Gegend, in der er ungern lebte, und versank abermals in Gedanken. Heute sollte es anders werden.

Herr Bert nahm den Regen wahr und hatte keine Lust mehr. Keine Lust mehr darauf, keine Lust mehr zu haben. Er ging ins Badezimmer, rasierte sich notdürftig, kämmte sich durchs lichte Haar und betrachtete sein von Traurigkeit gezeichnetes Gesicht. „Was ist nur aus dir geworden?", seufzte er beim Anblick seines Spiegelbilds. Er zog sich seine Regenjacke an, nahm den Regenschirm und verließ die Wohnung, in der er viel zu viel Zeit verbracht hatte.

Der Regen prasselte auf ihn ein und verdrängte die wenigen Sonnenstrahlen, die sich durchzukämpfen versuchten. Ein unfreundlicher Schatten hing über der Stadt, der Wind trug welke Blätter mit sich und hin und wieder fuhren Autos an Herrn Bert vorbei, der dadurch mit Wasser aus den Regenpfützen bespritzt wurde.

Aber Herr Bert wollte nicht nach Hause. „Nach Hause", murmelte Herr Bert zu sich selbst, „was ist das schon?". Und so spazierte er weiter durch die Kälte, ohne eine Idee zu haben, wohin sein Weg ihn führen sollte.

Bei einem Park angekommen setzte er sich auf eine der Bänke und blickte gedankenverloren vor sich hin. Nach wie vor prasselte der Regen vom Himmel.

Er wurde aus seinen Gedanken gerissen, als er plötzlich einen Hund wahrnahm, der freudig an seiner Hose schnüffelte und ihn begrüßte, als würden sie sich längst kennen. Die Situation überforderte Herrn Bert und so unternahm er erstmal nichts und beäugte das fremde Wesen skeptisch. „Fiby? Fiiiibyyy?" hörte er jemanden rufen und erblickte ein Kind, das in seine Richtung lief. Ein kleiner Junge, die Hundeleine in der Hand tragend, bewegte sich auf ihn zu und schien sichtlich erfreut, seine Hündin bei Herrn Bert vorzufinden.

Und so stand dieser kleine, von Leichtigkeit umgebene Junge vor einem traurigen Herrn Bert, dessen Hand von Fiby hingebungsvoll abgeleckt wurde.

„Hallo!", sprach der Junge, „es tut mir leid, wenn Fiby Sie genervt hat. Sie freut sich immer so über Menschen und wollte Ihnen das gewiss nur zeigen."

Herr Bert sah verwundert auf. Es war lange her, seit ihn das letzte Mal jemand angesprochen hatte. Er hatte sich daran gewöhnt, als Sonderling zu gelten.

Und weil er noch nicht so ganz in der Lage dazu war, sich mit dem ihm fremden Jungen zu unterhalten, schwieg er, streichelte Fiby aber über den Kopf und wunderte sich über das entgegengebrachte Vertrauen.

„Ich bin Leon", begann der Junge erneut zu sprechen, „und ich wohne gleich da drüben." Er zeigte auf den grauen Wohnblock nebenan. „Sind Sie neu hier? Ich hab Sie ja noch nie gesehen."

Herr Bert wunderte sich noch mehr. Darüber, dass Leon nicht lockerließ und sich scheinbar tatsächlich mit ihm unterhalten wollte, obwohl er doch noch keinen Ton gesagt hatte. Unsicher antwortete er: „Deine Fiby nervt nicht. Und nein, ich bin nicht neu hier. Schon seit fünfzehn Jahren wohne ich in dieser Gegend."

Es war ungewohnt, sich selbst sprechen zu hören, murmelte er sich doch nur manchmal selbst etwas zu und die letzte Unterhaltung schien ewig her zu sein. Leon schien das anders zu empfinden und bohrte weiter: „Gehen Sie ein Stück mit Fiby und mir? Sie braucht noch einen Spaziergang." Und zu seiner eigenen Verwunderung nickte Herr Bert.

Die beiden gingen eine ganze Weile nebeneinander her. Leon erzählte von sich. Zehn Jahre sei er alt und male gerne. „Ich male für jeden das richtige Bild, sagt Mama

immer", sprach er und rannte los. Zurück kam er mit
einem Stock, mit dem er in die vom Regen aufgeweichte
Erde malte. Fiby spielte mit bunten Herbstblättern und
Herr Bert beobachtete sie dabei, bis Leon ihm zurief, wie
er denn hieße. „Herr Bert", antwortete er, „aber nenn mich
ruhig Raphael und duze mich. Ich fühle mich noch viel
älter, wenn ich gesiezt werde."

Leon ritzte abermals etwas in die aufgeweichte Erde und
rief dann: „Raphael, komm her, ich habe etwas für dich
gemalt."

Erstaunt setzte sich Herr Bert in Bewegung und erblickte
ein wundervolles Bild. Der aufgeweichte Boden zeigte die
Sonne, deren Strahlen Bäume berührten, auf die Leon
bunte Blätter gelegt hatte. Unter dem größten Baum saß
einer. Einer, der ihm bekannt vorkam. Er erkannte den
eigenen Regenmantel und die Gesichtszüge, die er täglich
im Spiegel sah. Und doch trug dieses Bild etwas
Tröstendes in sich.

„Ein schönes Bild, danke!", sagte Herr Bert leise. „Ich
sehe grimmig aus", fügte er hinzu.

Leon nickte, nicht ohne anschließend laut zu lachen.

„Ach Raphael, du siehst ja wirklich so aus. Lachend
würdest du mir wahrscheinlich besser gefallen, aber du
wirst schon wissen, warum du es nicht tust."

Herr Bert nickte. Gelacht hatte er schon sehr lange nicht
mehr. Es hatte ihm schlichtweg an Gründen dafür gefehlt.
Und dann kam plötzlich Leon, dieser kleine Junge, der
sich nicht abgelehnt zu fühlen schien.

„Vielleicht", überlegte Leon, „solltest du es auch mal
probieren!" und legte seinen Malstock in Herrn Berts

Hand.

Dieser überlegte und wusste nicht so recht, was er nun damit anfangen sollte. Bis er zu malen begann.

Wilde Stürme tobten über schwere Felsbrocken, an die das Wasser des Meeres peitschte. Der Boden schien aufgewühlt, ein einsamer Hut wurde vom Wind weggeweht, ein junger Fuchs setzte zum Sprung an und ein Apfelbaum trug köstliche Früchte. Immer mehr und mehr wurde dazu gemalt und vervollständigte ein unwirkliches und in sich doch schlüssiges Bild.

Fiby rannte immer und immer wieder durch die Zeichnung, die von Fantasie und Gefühl gemalt wurde. Auch Leon gestaltete mit, legte Blätter und Steine aus und freute sich über das gemeinsam erschaffene Kunstwerk.

Als sie ihr Werk vollbracht hatten und es sich richtig anfühlte, blickte Leon erfreut zu Herrn Bert und rief: „Raphael, du lächelst ja!"

Und da merkte er es selbst. Er spürte die Muskulatur seines Gesichts, das leichte Spannen, als sich der Mund in die Breite zog. Ihn durchströmte ein Gefühl, das er lange nicht mehr hatte wahrnehmen können. Und so lachte er mit offenem Mund, ging in die Hocke und streichelte Fiby ausgiebig, die sich ebenfalls zu freuen schien.

Anschließend umarmte er Leon herzlich. Fest drückte er diesen kleinen Jungen an sich, der ihm zum ersten Mal nach vielen Jahren gezeigt hatte, dass er kein grimmiger Sonderling war.

Herr Bert schloss die Augen und atmete tief ein. Er roch den Herbst und den feuchten Boden, der Regen hatte aufgehört und die Schwere mit sich genommen. Er wusste nicht, wohin die Traurigkeit gegangen war, die er in diesem Moment nicht mehr spüren konnte.

In ihm befand sich plötzlich der Drang zu leben, zu lachen, zum Loslassen, zum Neubeginn, zum Lebensmut, zum Loslegen, zum Freundlichsein. Das hatte er, so war ihm klar, Leon und Fiby zu verdanken, die quirlig und fröhlich, wie sie waren, plötzlich in sein Leben gerannt gekommen waren.

Er, der so einsame Herr Bert, hatte Freunde gefunden. Immer und immer wieder warf er Stöckchen für Fiby, die sich darüber freute. Und alles sprudelte aus ihm heraus. Er erzählte Leon aus seinem Leben, von der Traurigkeit, der Einsamkeit, dem Dasein als Sonderling.

Aber Leon zeigte sich wenig beeindruckt, legte seine kleine Hand auf die große des Herrn Bert und nickte. „Vielleicht musst du Abschied nehmen von der Traurigkeit!"

Als sie sich an diesem Nachmittag verabschiedeten und Herr Bert an den Ort ging, den andere „Zuhause" nennen, spukte ihm dieser Satz noch lange im Kopf herum. Und ja, genau das wollte Herr Bert. Abschied nehmen und loslassen. All die Selbstzweifel, die Verzweiflung, die Unsicherheit. Übermalen und in den Boden stampfen wollte er sie.

Als Herr Bert an diesem Abend an seinem alten Küchentisch saß, fühlte sich alles anders an. Abermals stützte er den Kopf auf seine Hände. Vor ihm stand heißer Tee, er hatte sich eine kleine Kerze angezündet und dachte an Leon und Fiby. Er lächelte beim Gedanken an das Wiedersehen und sein Leben, das plötzlich eines war.

Zora, Clara, Stoffel

Eines Nachts schreckte Zora aus ihrem Traum auf und zog sich die Decke über den Kopf, in dem sich viele Gedanken befanden, die sie, die zehnjährige Zora, so beschäftigten. Und so sehr sie sich dagegen wehrte, dachte sie erneut an Clara und Stoffel. Clara war ihre Schwester. Gewesen. Und doch war sie es auch heute noch.

Vor einigen Jahren, Zora war erst sechs gewesen, hatte Clara das Licht der Welt erblickt. Mit großen braunen Augen voller Neugierde und Lebenslust hatte sie die Familie bereichert. Zora durfte die Windeln ihrer geliebten Schwester wechseln, hatte ihr beim Zubettgehen vorgesungen und ihr sanft über den Kopf gestreichelt. Und ja, sie hatte sie geliebt, mit ihr gelacht, sich an ihr erfreut und diesem kleinen Geschöpf versprochen, immer auf sie aufzupassen – komme, was wolle.

Die Monate zogen ins Land und Clara erlernte das Laufen. Sie begann zu sprechen, nuschelte undeutlich und belustigte durch eigens erfundene Wörter. Zora zeigte ihrer kleinen Schwester, was sie selbst schon kannte. Die bunten Blumen im Garten, die kleinen Fische im Gartenteich, und Stoffel. Stoffel, so nannte sie eine Krähe, die täglich zur selben Zeit ihren Garten aufsuchte und sich stets nahe bei den beiden Mädchen befand. Manchmal schien es, als wäre Stoffel ein Beschützer, ein Wächter, der gewissenhaft aufpasste, dass ihnen nichts passierte. Als der Winter kam, setzte sich Stoffel auf das Fensterbrett vor Claras Kinderzimmer. Er sah ihnen durchs Fenster beim Spielen zu und schien beruhigt, dass alles seine Ordnung hatte.

Und doch sollte ihre gemeinsame Zeit nicht von langer Dauer sein.

Eines Abends, als Zora nicht schlafen konnte, setzte sie sich zu ihren Eltern an den Tisch. Immer wieder wunderte sie sich über ihre sorgenvollen Gesichter und bemerkte, dass Gespräche verstummten, sobald sie den Raum betrat. So war es auch heute. Zora überlegte und beobachtete ihre schweigenden Eltern.

„Was ist denn los mit euch?", fragte sie erstaunt. Mama räusperte sich. Papa drehte den Kopf beiseite. Die Eltern wirkten plötzlich sehr angespannt und das Mädchen wunderte sich darüber.

„Zora", antwortete Papa, „es gibt da etwas, das du wissen musst." Hilflos blickte er zu Mama, die zum Sprechen ansetzte. „Clara ist krank. Ihr tut nichts weh und sie fühlt sich wohl", sprach sie leise und schluckte, „und doch ist ihr kleines Herz schwach und wir wussten bereits seit ihrer Geburt, dass sie nicht ewig bei uns bleiben wird." Zora schüttelte den Kopf und sprach aufmunternd: „Habt keine Angst. Ich bin ihre Schwester. Ginge es ihr nicht gut, so würde ich es spüren. Und Stoffel passt jeden Tag auf sie auf."

Ein zartes Lächeln huschte über das Gesicht ihrer geliebten Mutter. „Stoffel", seufzte sie, „was es mit ihm auf sich hat, wissen wir nicht. Seit Claras erstem Lebenstag war er plötzlich da, nie zuvor haben wir diese Krähe bemerkt."

Zora nickte. „Wisst ihr, ich glaube, Stoffel war von Beginn an ihr Wächter, ihr eigener Beschützer."

Papas Hand legte sich auf die ihre und hielt sie fest. „Das mag sein, Zora. Aber vor dem, was da kommen mag, kann auch Stoffel sie nicht beschützen. Und dabei ist sie noch so jung ...“

Die Trauer stand ihm ins Gesicht geschrieben und Zora wusste nicht so recht, was dagegen helfen sollte. Aber Umarmungen, so fand sie, streichelten die Seele immer ein wenig, und so nahm sie ihn in den Arm.

Und hier stand sie jetzt. Eine kleine Zora mit dem großen Papa, eng umschlungen und vereint. Papas Atem wärmte ihre Schulter und er lehnte sich fest an sie.

Draußen vorm Fensterbrett nahm Zora eine Bewegung wahr. „Stoffel ist gekommen“, sagte sie und lächelte. „Er weiß, dass wir von Clara sprechen.“

Mama und Papa blickten erstaunt Richtung Fenster und nickten bestätigend.

Zora war nicht traurig, sie hatte eine andere Sicht auf die Dinge. Trotz ihrer großen Liebe zu Clara und dem Wissen darüber, dass sie nicht ewig bleiben könne, wollte sie nicht trauern und jeden Tag genießen, solange es ihnen zustand.

In den folgenden Monaten schienen sich auch Mama und Papa zu verändern. Tag für Tag lebten sie mit ihren Töchtern, sangen ihnen vor, spielten mit ihnen und aßen gemeinsam alles, was der Seele guttat. Stoffel saß dabei stets im Garten oder auf dem Fensterbrett. Er schien zu beobachten, was hier, im kleinen Haus neben dem Wald, vor sich ging. Immer länger schien er sich in ihrer Nähe aufzuhalten und zeigte sich deutlicher.

Clara war drei Jahre alt geworden, als Zora sie alleine im Garten vorfand. Fast alleine zumindest.

Stoffel, Claras Wächter, hatte sich auf ihrem Bein niedergelassen und still saßen die beiden im Gras. Clara streichelte Stoffel mit ihren kleinen Händen und eine besondere Vertrautheit schien zwischen den beiden ihr Band gesponnen zu haben.

Staunend betrachtete Zora das Geschehen und zog sich zurück. Sie spürte, dass dies nicht der richtige Moment wäre, um sich zu Clara zu gesellen.

Mama und Papa befanden sich gerade in der Küche, als Zora ihnen erzählte, was vor sich gegangen war. Unbeschwert und doch erstaunt sagte sie: „Ich hab es euch doch gesagt: Stoffel ist ihr Beschützer, er lässt sie nicht alleine. Und wer weiß, vielleicht ist er es, der sie irgendwann mit sich trägt."

Zoras Eltern nickten stumm und bestätigend. Die letzten Monate hatten sie gelehrt, dass es nicht von großem Wert war, sich in der Trauer um jemanden zu verlieren, der doch noch da war. Ihnen war bewusst geworden, dass Dinge passieren, die ihnen unerklärlich bleiben würden.

Es kam, wie es vorher bereits klar gewesen war. Clara ging von dieser Welt und hinterließ eine Lücke. Zora wachte Nacht für Nacht auf, nachdem sie von ihrer Schwester geträumt hatte, und immer wieder erwachte sie im Wissen, denselben Traum gehabt zu haben, den sie schon so oft durchlebt hatte.

Sie sah Clara im Garten sitzen, wie es sich an diesem besonderen Tag ergeben hatte, und auf ihrem linken Bein hatte sich Stoffel niedergelassen. Ihre kleinen Hände streichelten behutsam über sein stolzes Haupt und aufmerksam musterte er die Gegend zu Claras Schutz. Er spreizte die Flügel und schien auf den nächsten großen Windstoß zu warten, der ihn forttrug. Sein schwarzes Gefieder glänzte wunderschön im sanften Sonnenschein. Und doch war etwas anders als sonst. Diesmal nahm er Clara mit, begleitete sie auf ihrer großen Reise, als sie das Hier und Jetzt verließ, wie es vorhergesagt war. Das Rauschen des Windes trug sie fort und neue Zeiten schienen anzubrechen. Stoffels Flügel erhoben sich sanft in die Höhe, kraftvoll schien ein Neubeginn seinen Anbruch zu verkünden.

Je mehr Zeit verging, desto tröstender empfand Zora ihren immer wiederkehrenden Traum und auch Mama und Papa schienen all ihre Wehmut durch Stoffel ertragen zu können.

Was passiert war, hätte niemand verhindern können. Manchmal kam Stoffel noch zu Besuch, saß im Garten oder vor dem Fenster. Er schien einen Gruß mit sich zu bringen, eine Aufmerksamkeit und das Gefühl, dass er gut über Clara wachte.

In so manchem Sonnenstrahl schien Zora eine kleine Geste ihrer Clara zu entdecken, manch ein Windzug sang von ihr. Im Rauschen der Blätter vernahm Zora Claras Namen, und Stoffel, so wusste sie felsenfest, wachte über sie.

Vanny und Betty

Vanny saß auf ihrem Bett und starrte an die Wand. „Was für ein blöder Misttag!", dachte sie bei sich und verkniff sich Tränen der Wut. Minni, ihre kleine Katze, die sie von klein auf begleitete, rollte sich in ihre dicke Bettdecke und schob behutsam ihr kleines Pfötchen auf Vannys Hand, als wollte sie ihr Trost spenden.

Seit einigen Wochen schon wusste Vanny nichts mehr mit sich anzufangen. Betty, ihre allerbeste Freundin, war weggezogen. Weit weg. Gefühlt unerreichbar.

Seitdem war da niemand mehr, der Vanny zum Spielen abholte, sie tröstete, wenn sie traurig war, und mit ihr die schönsten, kunstvollsten Bilder malte, die die Welt je gesehen hatte.

Eine ungewohnte Stille hatte Einzug gehalten und überforderte Vanny von Tag zu Tag mehr.

Gewiss, die beiden Freundinnen schrieben sich lange Briefe, beteuerten immer wieder ihr tiefes Freundschaftsgefühl und waren sich auf eine ganz besondere Art und Weise nah. Und doch fehlte Vanny alles, was Betty einst in ihr Leben gebracht hatte.

Ihre Trauer war längst nicht mehr unsichtbar für ihr Umfeld. Und so hatte Opa sie eines Tages darauf angesprochen, wie trostlos sie wirkte. Was denn los sei, hatte er gefragt.

Vanny hatte nur den Kopf gesenkt, wortlos und traurig vor sich hin gestarrt und nicht geantwortet. Die allergrößte Mühe hatte sie sich gegeben, ihren so geliebten Opa vor dem eigenen Schmerz zu schützen. Bis der Moment gekommen war, in dem Tränen über ihr kleines Gesicht strömten und sie zu sprechen begann. „Opa," schluchzte sie, „meine Freundin Betty ist weggezogen. Und ich vermisse sie so! Was soll ich denn nur ohne sie machen?" Opa nickte verständnisvoll und legte tröstend seinen starken Arm um seine Enkelin, die ihm so viel bedeutete. Er schien kurz zu überlegen, bevor er ihr antwortete. „Weißt du, Vanny, es tut immer weh, wenn plötzlich ein Familienmitglied fehlt", sprach er.

Vanny blickte erstaunt auf und ihr entging nicht, dass seine Augen erstaunlich feucht wirkten. „Familie", fragte sie, „das ist doch, wenn man miteinander verwandt ist", und sah ihn erwartungsvoll an. Opa schüttelte den Kopf und beugte sich ein wenig zu ihr herunter, als würde er ein großes Geheimnis verkünden wollen.

„Familie ist dort, wo du dich zuhause fühlst. Wo niemand fragt, was du geleistet hast. Familie ist jemand, der dich nimmt, wie du bist. Mit gemeinsamem Blut hat das nicht viel zu tun, egal was andere sagen", erklärte er bestimmt und zwinkerte seiner kleinen Enkelin zu, die ihm aufmerksam lauschte. Er fuhr neugierig fort: „Was macht Betty für dich denn so besonders?"

Erneut spürte Vanny die Tränen in sich aufsteigen und schluckte sie schnell herunter.

„Betty war immer für mich da. Wenn ich traurig war, hat sie mich getröstet. Wenn mir nach Lachen zumute war, hat sie mir Witze erzählt. Und wenn ich krank war, malte sie mir Bilder, damit ich schnell wieder gesund werde."

Vanny senkte den Kopf. „Sie war einfach immer für mich da. Und jetzt ist sie so weit weg. Fast schon fühlt es sich an, als wäre sie für immer fort."

Opa legte seine Hand auf die ihre und sie spürte, dass er sich wirklich für ihre Probleme interessierte. Er wartete noch ein Weilchen, bis er zu erzählen begann.

„Meine Kleine, erinnerst du dich noch an die Zeit, in der Oma starb?", fragte er.

Und Vanny erinnerte sich noch zu gut daran. So sehr sie Oma vermisst hatte, litt sie um so mehr an Opas Trauer, der ihn wie einen Schleier umgeben hatte. Eingefallen und trostlos, so hatte sie Opa zu dieser Zeit empfunden und alle Aufmunterungsversuche schienen gescheitert zu sein. Aber Vanny war da geblieben, hatte neben Opa gesessen und mit ihm zusammen geschwiegen, weil ihr die Worte gefehlt hatten. Gemeinsam hatten sie den Schmerz getragen und sich Kraft geschenkt. Ein solcher Moment war offenbar auch jetzt und so hörte Vanny genau hin, als Opa wieder zu sprechen begann. Es fiel ihm schwer, das fühlte sie deutlich.

„Als Oma nach einer so langen Zeit der Gemeinsamkeit starb, dachte ich erst, sie hätte ein Stück meiner selbst mit sich genommen. Dahin, wo sie jetzt ist." Opa überlegte. Es fiel ihm schwer, die richtigen Worte zu finden.

„Wo ist sie denn?", fragte Vanny.

Opa schmunzelte, die Frage schien ihn sogar ein wenig zu freuen. Etwas Geheimnisvolles lag in diesem Moment in seinem Blick. Er beugte sich zu Vanny, sah sich um, als befände sich noch jemand mit ihnen im Raum und flüsterte: „Hier ist sie, die Oma. Bei uns!"

Dann lächelte er und nickte bestimmt. „Die Oma hätte uns doch nicht alleine gelassen, kleine Vanny. Sie hat ihren

Körper verlassen und sitzt nicht mehr neben uns. Aber weg ist sie sicher nicht!", versicherte er und Vanny hätte schwören können, in diesem Moment Omas vertrauten Geruch wahrnehmen zu können. Eine Gänsehaut überkam sie und erneut musste sie an Betty denken. Opa entging das nicht, er war einfühlsam und gut zu ihr.

„Wo ist denn deine Betty?", fragte er neugierig.

Und Vanny sprach betroffen: „Weit weg, in Berlin." Viele Hunderte von Kilometern trennten sie voneinander und woher sollte sie schon wissen, wann sie sich wiedersehen könnten.

Opa nickte verständnisvoll. „Sie schreibt mir jeden Tag einen Brief, Opa", sprach Vanny, „aber es gibt mir so wenig, verstehst du?"

Opa rückte ein wenig näher und Vanny schmiegte ihren Kopf an seine Schulter, die ihr schon so oft Trost gespendet hatte.

„Oma", so meinte er, „schreibt uns keine Briefe. Und doch ist sie da. Vielleicht kannst du dich eines Tages wieder besser spüren", fuhr er fort. „Und mit dir nimmst du auch Betty wahr, weil sie ein Teil deines Lebens ist. Weil du dich in ihr findest und dich geborgen fühlst. Du brauchst nicht auf Briefe und euer Wiedersehen zu warten, wenn du sie in dir spürst." Opa streichelte ihr sanft über den Kopf und sagte leise: „Vertraue auf eure Verbundenheit, Vanny!"

Mit diesen Worten verabschiedete er sich an diesem Tag von seiner kleinen und so traurigen Enkelin. Vanny lag an diesem Abend in ihrem Bett und hatte eine wichtige Erkenntnis gewonnen. Opa hatte einen Abschied hinter sich gebracht, der doch keiner war.

Und Betty war weg, im fernen Berlin. Doch in den nächsten Ferien würden sie sich wiedersehen und sich bis dahin Briefe schreiben. Minnis Pfote lag erneut auf ihrem Arm, um Vanny Trost zu spenden. Unzählige Briefe lagen oft gelesen neben Vannys Bett und wenn sie sich fest konzentrierte, konnte sie Bettys feste Umarmung der Freundschaft spüren, während Omas vertrauter Geruch im Raum lag.

Als Vanny an diesem Abend an Betty dachte, während sie die Augen schloss, um in einen tiefen Schlaf zu fallen, sagte sie leise, aber sehr bestimmt zu sich selbst: „Familie ist, wo ich zuhause bin." Das hatte sie heute gelernt.

Und Opa, der hatte mal wieder alles verstanden.

Sergej und Ronny

Sergej schlurfte durch die Stadt. Kalte Regentropfen peitschten ihm ins Gesicht und es fror ihn, waren seine Schuhe doch längst durchnässt und eiskalt.

Voll von Wut, Trauer und Unverständnis war er hier unterwegs. Schon so viel Zeit hatte er hier in der Innenstadt verbracht und es war immer das Gleiche: Menschenmassen hetzten an ihm vorbei, zum Teil verborgen unter großen Regenschirmen und Plastikjacken, die Regentropfen an sich abperlen ließen, als hätten sie sie nicht bemerkt. Sergej beobachtete die Gesichter der vorbei gehenden Menschen und er fühlte sich bestätigt in seiner Wut. Sie sahen zu wenig, das war ihm klar. Diese Menschen richteten ihre Blicke stets auf Unwichtiges, Nebensächliches. Sie schienen sich gar in sich selbst zu verrennen und keinen Blick für das Geschehen um sich herum zu haben.

Noch bis vor ein paar Wochen war er täglich hier gewesen, doch sein Blick galt einem einzelnen Menschen, der hier dazuzugehören schien und doch fremd geblieben war. Alle hatten ihn gekannt, alle. Diese Regenjackenmenschen, all diejenigen, die Regenschirme getragen und den Blick auf Nebensächliches gewandt hatten. Und als etwas so Nebensächliches hatten sie auch Ronny wahrgenommen, dessen war er sich sicher, während er dort saß, ganz in der Ecke. Mit seinem engsten Verbündeten.

Ein seltsames Gespann waren sie gewesen – Ronny, der erfahrene Straßenmusiker, der Tag für Tag für die

Menschen spielte, die ihn doch so oft ignorierten. Und dann war da Sergej, der mit geschlossenen Augen den Gitarrenklängen lauschte und sich manchmal in ihnen verlor.

Arm war er gewesen, der Ronny. Oftmals hatte Sergej ihm ein Brot geschmiert und mitgebracht.

Jahrzehnte hatte Ronny damit zugebracht, für die vielen Leute Musik zu machen, hier in der Innenstadt, die Ronny mit seinen harmonischen Klängen zu etwas Wertvollem machte. „Auch wenn du denkst, sie hören mich gar nicht", hatte Ronny Sergej leise zugeflüstert, „es bleibt etwas in ihnen, ich hinterlasse meinen Fußabdruck. Ob sie wollen oder nicht!"

Und Sergej blieb nur übrig zu hoffen, dass Ronny damit recht hatte.

Viele Wochen hatten sie hier gemeinsam verbracht, Füße über Füße an sich vorbei hetzen gesehen und gehofft, die Menschen würden ihnen ein paar Münzen in den Kaffeebecher werfen, der vor ihnen stand.

Anfangs hatte sich Sergej etwas geschämt, beim Betteln dabei zu sein, doch Ronny hatte ihn eines Besseren belehrt. Er hatte ihm tief in die Augen geblickt und gefragt: „Ist es nicht die Kunst, die uns reich macht? Die die Menschen bildet und abholt, wo sie gerade stehen? Ist es nicht wertvolle Arbeit, den Leuten etwas zu geben, das sie ihr ganzes Leben lang suchen?"

Und Sergej hatte genickt. Ronny hatte den Menschen so viel gegeben, all den Fremden, die seine Kunst oft nicht zu schätzen wussten. Es hatte keine Rolle gespielt.

„Die Menschen", so hatte er Sergej erzählt, „haben ja oft

keine Ahnung von sich selbst. Sie brauchen eine Anleitung von außen, verstehst du? Sie hören gewisse Töne und jeder davon scheint einen Knopf in ihnen zu drücken. Lassen sich die Menschen darauf ein, werden sie bereichert."

Sergej hatte nichts verstanden, gar nichts.

Aber jetzt verstand er etwas. Ronny war plötzlich aus der Stadt verschwunden, die er über Jahrzehnte hinweg durch seine Lieder bereichert hatte. Er hatte Eindruck hinterlassen, schien aber plötzlich wie vom Erdboden verschluckt.

Ronny war gestorben. Einsam, so hatte er stets gesagt, würde er nie sterben. Immer hätte er die Gewissheit in sich, der Gesellschaft etwas gegeben zu haben.

Doch er, sein Freund Sergej, fühlte sich nun heimatlos in der Stadt, die so viel Kälte mit sich brachte. Immer wieder wurde er von Menschen angesprochen, die durch die Fußgängerzone gegangen waren und ihn wahrgenommen hatten, als er bei Ronny gewesen war.

„Wo ist er denn, der Musiker?", fragten sie erstaunt, und Sergej kämpfte mit sich und seiner Trauer. Er konnte sich nicht erinnern daran, dass jemals einer dieser Leute mit Ronny gesprochen hatte. Viel zu oft hatten sie ihren Blick gesenkt, damit nicht auffiel, dass sie nichts in seinen Kaffeebecher werfen wollten, obwohl Ronny alles gegeben hatte, was er konnte.

Ronny, so wusste Sergej, hatte ihnen das nicht verübelt. Er war stets gütig und verständnisvoll für die Menschenmassen gewesen, die sich doch so oft verrannten.

Als Sergej erneut angesprochen wurde, sah er einem jungen Mann ins Gesicht. Dieser wirkte bedrückt und erstaunlich informiert. „Kriegt ein Armengrab", nuschelte er, „morgen ist die Beerdigung." Bestürztheit lag in seinen Augen, ein Schatten hing ihm über dem Gesicht, als er zu weinen begann und Sergej umarmte. „Ich kannte ihn nur entfernt", schluchzte er, „aber er versicherte mir eines Tages, dass es für ihn das Wertvollste wäre, den Menschen etwas schenken zu können. Etwas, das von großem Wert ist. Musik erfüllt die Herzen, so sagte er, und das sei es, was er wollte."

Sergej sah diesem fremden Mann in die Augen und dieser Moment schien wie geschaffen zu sein, um sich den Schmerz zu teilen, sich nicht zu ergeben, für Ronny weiter zu machen und an alles zu glauben, was er, Ronny, der so bekannte und oft ignorierte Straßenmusiker, verschenkt hatte.

Der nächste Tag brachte die Gewissheit des Abschieds mit sich und beim Gedanken daran, Ronnys Musik nicht mehr in der Stadt hören zu können, wurde Sergej schwer ums Herz.

Bedrückt schlurfte er Richtung Friedhof, um seinen bisher einzigen Freund verabschieden zu können. Die Beerdigung war längst vorbei – und auch wenn Sergej sich sicher war, dass kaum jemand Ronny verabschieden wollte oder von seiner Beisetzung erfahren hatte, kam er absichtlich zu spät, um den Menschen zu entgehen, die ihm oft so schleierhaft und ignorant erschienen.

Als er Ronnys Armengrab erreichte, bahnten sich dicke Tränen den Weg über seine Wangen. Sergej sank in die

Hocke und schluchzte unaufhörlich.

Dieser Moment schien so viel Schmerz von ihm zu nehmen, er atmete schnell und fühlte sich wie gelähmt. Das Gefühl, plötzlich eine Hand auf der Schulter zu spüren, empfand er als beängstigend und fremd. Als er sich umdrehte, sah er erneut Rick, dem Unbekannten vom Vortag in die Augen und schämte sich nicht für seine ehrliche Trauer um Ronny.

„Es ist", sagte der junge Mann, „als wäre er hier und würde seine Lieder zum letzten Gruß spielen".

Sergej senkte den Kopf und nickte. Der gesamten Stadt würde Ronny fehlen, auch wenn die Menschen es nicht bewusst wahrnehmen würden. Seine Töne, die die Mauern weicher zu malen schienen, waren verstummt, der Regen peitschte seitdem undankbar und kalt vom Himmel. Nichts Tröstliches war zu finden, kein Herz wurde berührt vor Schaufenstern mit gleißendem Licht und zu vielen Menschen auf zu kleinem Raum.

Sergej und Rick standen nun hier.

Gemeinsam und doch allein, gefangen in sich selbst und aufgehoben im jeweils anderen.

Ronny hatte seinen Dienst getan, so waren sie sich sicher, und hatte mehr geleistet als all die Menschen, die so schnell an ihm vorübergeeilt waren und ihm keinen Moment der Aufmerksamkeit geschenkt hatten.

Und sie beide?

Sie hatten sich scheinbar gefunden. All das, was Ronny sich gewünscht, wofür er Musik gespielt hatte, war in diesem Moment anwesend.

In der Luft lag Freundschaft und Zusammenhalt und wenn

die beiden jungen Menschen schwiegen, war es, als würde
eines von Ronnys Liedern vom Rauschen der
Herbstblätter zu ihnen getragen werden.

Simon

„Es war einmal ...", so sprach Simon vor dem Zubettgehen
leise vor sich hin, als er das Bild von Papa und sich in die
Hand nahm, das immer auf seinem Nachtkästchen lag und
ihn Abend für Abend in den Schlaf begleitete. Wieso er
das verblasste Foto nach wie vor dort liegen hatte, wusste
er selbst nicht mehr.

Lange war es her, seit er Papa das letzte Mal hatte sehen
dürfen. Viel zu lange hatte er nichts mehr von ihm gehört,
ganze zwei Jahre. Keine Karte erreichte ihn, kein Anruf,
nichts. So viele Tränen hatte Simon vergossen, sich
schlecht gefühlt, nach eigenen Fehlern gesucht und Mama
gefragt, was denn nur los wäre. Auch Mama Pia wusste
nicht so recht, was sie sagen sollte.

Als Papa noch hier gelebt hatte, hatten sie oft gestritten –
er und Pia. Die beiden, die sich geliebt und doch getrennt
hatten. Und Simon hatte alles mitbekommen, um Frieden
und die heile Welt gebettelt, abends im Bett geweint und
gebetet, dass eines Tages alles gut würde.

Oft hatte Simon Mama weinen gesehen, viel zu oft. Auch
heute noch, wenn er manchmal abends aufstand, um sich
ein Glas Wasser aus der Küche zu holen, erwischte er
Mama, wie sie sich schnell einige Tränen aus den Augen
wischte und tat, als ob nichts wäre. Aber er war ja nicht
blöd. Also ging er jedes Mal zu ihr, schloss sie fest in die
Arme und sprach ihr Mut zu.

Im Laufe der Monate wurde alles anders. Papa, so wussten
Simon und Pia, hatte eine neue Frau gefunden und lebte
sein eigenes Leben, in dem sie keine Rolle mehr spielen

sollten.

Es dauerte eine Weile, bis sich die Trauer veränderte. Jetzt stand sie fast still, nur noch selten spürte Simon den Schmerz des Verlassenseins.

Mama, so wusste er, war eine Kämpferin. Sie arbeitete viel, hatte wenig Geld und trotzdem umhüllte sie die Zuversicht, dass eines Tages bessere Zeiten kämen. Als Simon sie eines Abends wieder weinend vorgefunden und gefragt hatte, was der Grund für ihre Tränen wäre, hatte sie ihm so intensiv in die Augen geblickt, wie er es nie zuvor hatte wahrnehmen können.

„Simon, manchmal fehlt mir einfach die Kraft für alles. Dann bin ich ungeduldig und suche nach Lösungen. Ich frage mich dann, wie ich dir mehr bieten könnte. Mehr, als du jetzt hast", hatte sie gesagt und ihr trauriges, und doch so hübsches Gesicht ganz tief in ihrem Pullover vergraben. Und Simon hatte sie in die Arme geschlossen, ihr gesagt, wie sehr er sie doch lieben würde, und dass schon eines Tages leichtere Zeiten kämen.

Simon war zwölf Jahre alt und liebte es zu schnitzen. Über Stunden hinweg schaffte er es, sich auf sein Holzstück zu konzentrieren, das er mit seinem ersten eigenen Taschenmesser bearbeitete. Für ihn war es ein wenig, als käme er dann ganz zur Ruhe, könnte durch- und aufatmen. Aber er mochte es auch, von Freund*innen umgeben zu sein, Staudämme und Baumhäuser zu bauen, ein Lagerfeuer zu entzünden, Musik zu hören und alles um sich herum zu vergessen. Seitdem Papa weg war, hatte er viel Zeit für sich. Manchmal zu viel.

Und immer öfter, wenn er die Traurigkeit in sich

aufsteigen spürte, nahm er sich Papier und Mamas Kohlestifte zur Hand. Dann vergaß er alles um sich herum, ließ seinen Gefühlen freien Lauf, brachte zu Papier, was in ihm tobte.

Auch jetzt war ihm danach. Also schloss er die Augen und spürte tief in sich hinein. In sich fand er, wie so oft, einen Sturm, in dem sich Trauer, Wut, aber auch Mut und der Glaube an bessere Zeiten verbündeten. Er begann zu malen.

Erst ganz zaghaft versuchte er sich an sich windenden Bäumen, die der Kraft des Sturmes kaum standzuhalten schienen. Sie beugten sich den noch nicht gemalten Windböen, als würden sie kraftlos unter ihnen zugrunde gehen. Dichter Regen peitschte auf ihre zarten Blätter. Simon übertrug auf dieses Blatt Papier, was er in sich fühlte. Eine Ewigkeit schien vergangen zu sein, seitdem er angefangen hatte, sein Bild zu malen. Als sich die Anspannung in ihm löste und er aufmerksam betrachtete, welch Kunstwerk er erschaffen hatte, fehlte etwas. Da, ganz unten in der linken Ecke, fehlte etwas Festes, etwas Beständiges. Er entschied sich dafür, sein Bild mit einem Haus zu ergänzen. Ein kleines Häuschen mit einem etwas beschädigten Reetdach, das dem Sturm jedoch standhielt und sich unbeeindruckt vom äußeren Geschehen gab. Ein Gebäude, das seinem so unruhigen Bild ein Zuhause gab und es wohnlich machte.

Simons Haus stand da, klein und kraftvoll, beständig und entschlossen.

Er lächelte ein wenig, als er plötzlich hörte, dass Pia in der Küche sein musste. Leise schlich er sich zur Türe und sah

Mama durch den Türspalt am Küchentisch sitzen, den Kopf auf die Hände gestützt. Nachdenklich sah sie aus. Manchmal fragte sich Simon, wie Pias Augen trotz allem, was sie zu stemmen hatte, noch so leuchten konnten, wie sie es stets taten.

Langsam betrat er die Küche, sein Bild trug er fest in seiner Hand. Mama schaute erstaunt auf. „Simon, was ist denn los? Kannst du nicht schlafen?", fragte sie besorgt. Aber Simon lächelte nur, schüttelte den Kopf und sprach: „Ich habe ein Geschenk für dich!"

Dann legte er sein Bild vor ihr auf dem Tisch ab und setzte sich neben sie. Pias Augen strahlten beim Anblick seines Kunstwerks, sie war angetan von seinem Talent und bewunderte ihn oft für seine Gefühlswelt.

„Vielen Dank! Es ist wunderschön", sprach sie, und wieder malte das Gefühl Tränen in Mamas Augen. Ganz fest nahmen sie sich in die Arme, Simon und Mama, Mama und Simon, sie beide, sie allein, sie komplett.

„Wenn du traurig bist, sieh dir mein Bild an, Mama!", sagte Simon. „So stark der Sturm auch sein mag, das Häuschen hier unten ist nur leicht beschädigt. Felsenfest steht es da und wird bleiben. Das Haus, Mama, das sind wir!", sprach er weiter und malte ein kleines Türschild dazu. „Pia und Simon" schrieb er darauf.

Pia umarmte Simon, wie es nur eine Mutter tun kann, küsste ihn auf die Stirn und wischte sich die Tränen fort. „Weißt du, Mama, irgendwann muss man loslassen. Auch wir müssen das tun. Vor allem du", sagte Simon, ganz ernst schauend. „Mein Zuhause im Sturm bist du. Du gibst mir alles, was du kannst, schenkst mir deine Liebe, bist so stark. Du gibst mir alles, was du zu geben hast. Und egal, welch starker Sturm noch kommen mag, du bleibst bei mir. Das weiß ich!", ergänzte er.

Pia nickte stumm. So oft hatte sie versucht, Simon vor allem zu schützen. Und wahrscheinlich hatte sie sich oft gewünscht, ihm etwas vorspielen zu können. Aber ja, er hatte recht. Simon hatte vieles begriffen. In diesem Moment fühlte es sich an, als wäre ihr ein Felsbrocken vom Herzen gefallen. All die Schwere des Vergangenen schien sich zu verflüchtigen. Manche Ereignisse, so wusste sie, lassen sich nicht verändern. Und diese Erkenntnis, die hatte sie Simon zu verdanken.

Die kleine Geschichte vom großen Zusammenhalt

Schon spät war es an diesem Weihnachtsabend, als sich Lina ins Bett verzog und sorgfältig davon überzeugte, noch genug Platz neben sich frei zu lassen. Für Oma.
Wie jedes Jahr hatte sie Weihnachten bei Oma gefeiert und genoss es, von ihr zu Bett gebracht zu werden.
Omas Haus roch nach Punsch und Orangen, durch die alten Fensterscheiben sah man Tausende von Schneeflocken, wie sie das Draußen in ihr friedliches Weiß kleideten, und vertraut knarrte der alte Fußboden unter Omas Füßen.
Und da kam sie auch schon, setzte sich neben Lina und legte seufzend den Arm um sie. Beide schauten sie aus dem Fenster und Frieden lag im Raum.
Oma brach das Schweigen. „Möchtest du jetzt deine Gute-Nacht-Geschichte vorgelesen bekommen?", fragte sie mit dem für sie so typischen, verschmitzten Grinsen und ihren kleinen Augen, die immer sehr besonders funkelten. Aber Lina schüttelte eifrig den Kopf.
„Es ist doch Weihnachten. Ein ganz besonderer Tag. Also hätte ich am liebsten, wenn du mir eine ganz besondere Geschichte erzählst. Eine, die ganz echt stimmt!"
Oma schaute verwundert, legte die Stirn in Falten und überlegte.
Sie räusperte sich und begann zu erzählen: „Es war einmal", denn schließlich beginnen viele schöne Geschichten mit diesen Worten, „ein Haus."
Lina schaute verwundert. „Ein Haus? Einfach nur ein Haus?"

Aber Oma fuhr fort. „Jetzt warte doch! Ich erzähle dir von einem ganz besonderen Haus. Besonders war es vor allem, weil so viel Leben in ihm steckte. Weißt du, Lina, manchmal sind Häuser wie Bücher. So viele verschiedene Geschichten stehen in ihnen geschrieben."

Lina nickte. Sie glaubte, Oma zu verstehen.

„Dieses Haus stand am Rande eines Dorfes und wurde von vielen Kindern bewohnt."

„Von vielen Kindern?", fragte Lina, „Erwachsene gab es dort nicht?"

„Doch, doch!", antwortete Oma, „Auch Erwachsene waren dort, die mit den Kindern kochten, ihnen bei den Schularbeiten halfen und dafür sorgten, dass es ihnen an nichts fehlte.

Die Kinder waren nicht gleich alt und auch sonst ganz unterschiedlich. Sie lachten und stritten, verletzten und heilten sich wieder. Sie malten ihr Haus bunt, von innen heraus."

Lina überlegte angestrengt und stellte erneut eine Frage: „Aber wo waren denn die Eltern der Kinder?"

Oma neigte den Kopf und erzählte: „Weißt du, diese Kinder lebten nicht mehr bei ihren Eltern. Manchmal geht in Familien etwas verloren, es zerbricht und man verliert an Zusammenhalt. Und manchmal", so sprach sie, „wenn sich die Wege weit voneinander entfernt haben, trennen sie sich letztendlich für eine gewisse Zeit, damit tiefe Wunden heilen können."

Lina nickte, obgleich sie Oma nicht richtig verstehen konnte. Sie machte sich Gedanken, schließlich liebte sie ihre Eltern sehr und mochte sich gar nicht vorstellen, ohne diese zu leben. Wären Mama und Papa weg, würden sie ihr sehr fehlen. Nein, Lina wollte gar nicht so richtig darüber nachdenken.

„Aber Oma, wenn die Eltern der Kinder nicht bei ihnen lebten, so haben sie sie doch bestimmt sehr vermisst!", meinte Lina. Oma sah aus dem Fenster und ein Anflug von Schwere schien das Wohnzimmer zu streifen, „Gewiss, Lina. Natürlich vermissten sie ihre Eltern. Eine Familie aber, die war auch in diesem bunten, bewegten Haus entstanden und es fehlte den Kindern nicht an Beistand, Trost oder Verpflegung. Sie lachten, wie du es tust, wenn du dich freust. Und sie spielten, wenn ihnen danach war. Sie unternahmen Ausflüge, bastelten und freuten sich über Klingelstreiche bei den Nachbarn." Oma lächelte Lina aufmunternd zu.

„Wenn eine gewisse Zeit ins Land gegangen war", so sprach Oma, „hatten die Kinder oft wieder ein besseres Verhältnis zu den Eltern. Sie hatten an Erfahrung und Weitsicht gewonnen, trugen die Erinnerungen an dieses besondere, bunte Haus in ihren Herzen und waren dankbar für die schöne Zeit.

„Oma", wollte Lina wissen, „gab es dieses Haus wirklich ganz in echt?"

Oma blickte ihrer Enkelin tief in die Augen, nickte und sagte leise: „Lina, auch meine Geschichte steht in diesem Haus geschrieben!", und weil Oma frei von Trauer und Schwere sprach, fragte Lina erneut: „Hat dir das Leben mit deinen Eltern nicht gefehlt?"

Oma sah für einen Moment lang schweigend aus dem Fenster und seufzte tief. „Es hat mir gefehlt. Und doch überkommt einen das Leben oft mit seinen vielen Unbeständigkeiten, es schreibt seine eigene Geschichte und zeigt uns, dass nichts perfekt ist. Und die Menschen", sagte sie und schüttelte energisch den Kopf, „denken wirklich noch so oft, sie könnten alles beherrschen. Loslassen müssen sie lernen, manches muss losgelassen werden. Ein Ende bedeutet einen Anfang, Lina. Nichts und niemand ist verloren, kein Kummer muss ungesehen bleiben, keine Träne unbemerkt. Ist es nicht seltsam, dass sich auch erwachsene Menschen oft wie kleine Kinder fühlen, ganz hilflos in sich? Das, liebe Lina", erklärte Oma, „ist das Zeichen dafür, dass sie nicht gelernt haben loszulassen, was gehen muss.

Wenn du etwas oder jemanden aus deinem Leben verabschiedest, und sei es nur für kurze Zeit, lass los. Trauerst du um jemanden und benötigst deine Zeit, dann trauere. Aber lass ihn gehen und halte dich nicht verkrampft an der Zeit fest. Sie ist unaufhaltsam und spielt ganz nach ihren eigenen Regeln."

Oma streichelte Linas Kopf, der auf ihrem Schoß lag. Sie genoss die Vertrautheit und, dass sie immer wieder von Omas Erzählungen lernte.

„Oma", fragte sie, „Erinnerungen sollte man aber doch nicht gehen lassen?"

Und diese verneinte. „Wenn du mich eines Tages loslässt, erinnere dich an mich, wann immer es dich stärkt. Denk an jede Weihnachtsgeschichte, jeden noch so kleinen Gruß, behalte dir meinen Geruch in Erinnerung, doch lass mich meine Reise antreten. Weine nicht um mich, wenn ich längst weg bin, sondern sprich mit mir, als säße ich neben dir. Verzweifle nicht an der Unbeständigkeit der Zeit, die du nicht ändern kannst, Lina!", sagte sie und ihr Blick war klar und voller Überzeugung. Lina bewunderte und liebte Oma sehr und hoffte, eines Tages ausreichend Weisheit zu erlangen, um nicht an Unbeständigkeiten festzuhalten. Bis dahin aber, so spürte sie voller Dankbarkeit, lagen noch einige gemeinsame Weihnachtsfeste vor ihnen.

Thialfi und Lilith

Der Raureif lag über den Feldern, Nebel ließ Lilith die Landschaft verschwommen sehen und es fröstelte sie. Sie schmiegte sich in ihre Wolldecke und atmete die saubere Luft des neuen Morgens, während sie alleine hier auf der Terrasse saß. In weiter Ferne ließen sich Rehe erahnen und zwei Füchse streiften nicht weit von ihr übers Feld. Immer wieder schienen sie zum Spiel anzusetzen und vermittelten Leichtigkeit.
Genau nach dieser suchte Lilith. Es war viel passiert. Zu viel, als dass sie sich leicht und unbeschwert hätte fühlen können.
Noch vor einem Monat hatte sie hier gesessen und Thialfi, ihr so geliebter Kater, war auf ihrem Schoß gelegen. Sein weiches Fell hatte sie gewärmt und sie hielt seine Pfötchen in ihren Händen, während er schlief. Liebevoll hatte sie ihn angesehen und sich gefragt, wie viel Zeit ihnen noch bleiben würde, wie oft ihnen solch vertraute Momente noch geschenkt werden würden.

Thialfi war zu ihnen gekommen, als Lilith noch ein Baby war, ein Jahrzehnt war seitdem vergangen. Woher der zerzauste Kater einst kam, konnte niemand erahnen. Plötzlich war er da gewesen, hatte geduldig auf der Terrasse gewartet, dass ihm jemand die Tür öffnete und war gekommen, um zu bleiben.
War Lilith krank, lag Thialfi stets neben ihr auf dem Bett und behütete sie. Er wich nicht von ihrer Seite, bis sie gesund war. Wenn sie die Traurigkeit überkam, saß er stets

bei ihr und schaute ihr tief in die Augen, als wollte er ihr Trost spenden.

Aber es lagen auch lustige, unbeschwerte Jahre hinter ihnen. Sie tollten zusammen herum und Thialfi schaffte es immer wieder, Lilith zum Lachen zu bringen, wenn er mit dem Löwenzahn auf der Terrasse spielte oder sich durch den Schnee kämpfte, der die umliegenden Felder bedeckte.

Ging Lilith abends schlafen, leistete Thialfi ihr Gesellschaft und wärmte sein kaltes Näschen an ihr. Und sie summte ihm leise vor, wie sie es von klein auf getan hatte. So lange, bis sie beide einschliefen.

Wer, wenn nicht dieser Weggefährte, hätte das Zeug dazu, ihr der beste Freund zu sein?

Wie alt Thialfi war, konnte niemand erahnen. Und doch bemerkte Lilith natürlich, dass seine Sehkraft nachließ und er ruhiger wurde. Sein einst schwarzes, glänzendes Fell veränderte sich und der einst kräftige Körper wurde knochig und unbeweglicher.

„Die Zeichen der Zeit"sagte Mama , „man sieht sie ihm deutlich an. Auf dass er noch lange unser Freund bleiben möge!"

Und Lilith nickte ihr zu und hoffte ebenso, dass Thialfi bei ihr bliebe.

Die Zeiten hatten sich geändert. Heute saß sie alleine hier und sehnte sich den warmen Thialfi auf ihren Schoß zurück. Wie gerne sie ihn streicheln und ihrem Freund nah sein würde, wenn es denn noch möglich wäre!

Thialfi war krank geworden, hatte stark abgenommen und die Müdigkeit ließ ihn ständig schlafen. „Es sind die Nieren", erklärte die Tierärztin mit sorgenvollem Gesichtsausdruck, „wir können versuchen, es hinauszuzögern."

Fassungslos sah Lilith sie an und fragte: „Was hinauszuzögern? Wovon sprechen Sie?" Da legte die Tierärztin, Frau Blau, ihre Hand auf Liliths, sah sie liebevoll an und sprach tröstend : „Lilith, dein Freund ist sehr alt. Das Alter zwingt so manchen starken Kämpfer in die Knie. Als du noch klein warst, hat Thialfi dich behütet und über dich gewacht. Jetzt braucht er dich. Sei für ihn da und genieße jeden Tag, der euch geschenkt wird."

Lilith war überfordert. Gewiss hatte sie Frau Blaus Botschaft verstanden, doch wahrhaben wollte sie all das nicht. Es war doch ungerecht, Thialfi sterben zu lassen. Und so bettelte sie ihn immer wieder an, dass er doch bleiben und kämpfen solle. Sie sicherte ihm zu, dass sie ihn nicht alleine ließe und flehte ihn an, dass er nicht einfach so gehen könne.

Tränen der Angst liefen über ihr junges Gesicht, als sie Thialfis stumpf gewordenes Fell betrachtete und ihm zärtlich über den Kopf streichelte. Sie begann zu wimmern. „Lass mich nicht alleine, mein Freund!"

Als sie ein Geräusch hinter sich vernahm, schlang sie die Hände vors Gesicht. Papa war gekommen und hatte scheinbar alles mit angehört. Lilith schämte sich, war sie doch ein selbstbewusstes Mädchen, das nie zuvor Schwäche gezeigt hatte.

Als Papa seinen Arm um sie legte, lehnte sie ihren Kopf

an seine Schulter. Papa schaute bestürzt, die Trauer seiner Tochter war für ihn schwer auszuhalten. Thialfi schlief längst wieder. Er schien zu träumen, seine Pfötchen bewegten sich, als wäre er kerngesund und würde mit dem Löwenzahn spielen, wie er es immer getan hatte.

Papa strich Lilith übers Haar und sprach leise: „Meine Kleine, ich habe gehört, was du zu Thialfi gesagt hast, worum du ihn gebeten hast." Er senkte den Kopf und musste offenbar selbst gegen die Tränen ankämpfen. „Ich verstehe dich und mir geht es ähnlich. Thialfi hat uns so lange begleitet. Aber sieh doch, wie alt er geworden ist. Sein Körper bereitet ihm Schmerzen, die Nieren werden versagen und wir können nicht verhindern, was passieren wird."

Lilith spürte die Wut in sich aufsteigen. Wie konnte Papa nur behaupten, sie könnten nichts mehr für Thialfi tun? Nach all den Jahren, die er sie getröstet, gesund geschnurrt und begleitet hatte?

Ihre Augen blitzten, als sie Papa ansah. Sie zischte: „Warum sagst du sowas? Er muss kämpfen!"

Verzweifelt weinte sie Papas Pullover nass. Betroffen sprach Papa: „So weh es tut, Lilith, aber wir müssen ihn gehen lassen. Er war uns all die Jahre ein guter Freund. Was wahre Liebe ausmacht, mein Mädchen, ist es, auch loszulassen. Halte ihn nicht fest, wenn er nicht mehr kann. Den Stich im Herzen wird dir niemand nehmen können und auch mich überkommt der Schmerz beim Gedanken an den nahenden Abschied. Aber unser letzter Freundschaftsdienst muss es sein, Thialfi loszulassen."

Lilith wünschte sich, all das Gesagte nie gehört zu haben

und ein großer Schmerz umkleidete in diesem Moment ihr kleines Herz, das für Thialfi schlug.

Als hätte dieser gemerkt, dass es um ihn gegangen war, öffnete Thialfi die Augen und stakste schwach zu ihr herüber. Lilith vergrub ihr Gesicht in seinem Fell, ihre kleinen Hände streichelten über seinen alten Körper und er schnurrte leise.

„Wenn du gehen musst", flüsterte sie, „lass ich dich gehen, Thialfi. Danke für alles!" Sie küsste Thialfi auf den Kopf, wie sie es immer getan hatte.

Sie hatte erkannt, dass sie bereit sein musste, Abschied zu nehmen. All die Verbissenheit, Thialfi festzuhalten, machte keinen Sinn. Manchmal bedeutet Freundschaft, jemanden gehen zu lassen, wenn die Umstände es erfordern.

Als hätte Thialfi verstanden, verstummte sein leises Schnurren, als er auf Liliths Bett lag. Ihr Kopf lag noch immer leicht auf ihm und in ihrer rechten Hand bettete sie sein kleines Köpfchen, als sein Atem verstummte. Er war eingeschlafen und sollte nie wieder erwachen.

Lilith sank in Papas Arme. Gemeinsam weinten sie und versuchten, füreinander stark zu sein, spürten den Wandel der Zeit und weinten um ihren Freund. Friedlich lag Thialfi mit geschlossenen Augen neben ihnen auf dem Bett und war gegangen.

An diesem kalten Morgen trugen Lilith und Papa ihren Freund zu Grabe. Gleich dort, neben dem Löwenzahn vor ihrer Terrasse, sollte der richtige Platz für ihn sein. Die Morgensonne würde warm auf Thialfis Grab strahlen und dahinter tollten sich die Füchse in all ihrer Leichtigkeit. Ein Feldhase hielt inne und schien zu verstehen, dass etwas Wunderliches vor sich ging. Die Vögel zwitscherten, als würden auch sie Abschied nehmen und der zarte Wind klang fast wie Thialfis Schnurren.

Finni und Oma

Es war ein warmer Nachmittag im Spätsommer, als Finni
neben ihrer Großmutter auf dem Sofa saß und ihr altes
Fotoalbum aufschlug. „Oma", sagte Finni, „zeig mir, wie
du als junges Mädchen ausgesehen hast", und Oma
zwinkerte ihr zu. Sie setzte zum Erzählen an. „Weißt du,
vieles ist anders geworden. Als ich ein Kind war", sprach
sie leise und wirkte dabei betrübt „war das Geld sehr
knapp. Ich hatte kaum Spielzeug und verrichtete harte
Arbeit auf den Feldern deiner Urgroßeltern. Aber es gab
auch gute Zeiten, die mir in Erinnerung geblieben sind."
Mit diesen Worten öffnete sie das Album und Finni
staunte. Sie erblickte ein junges Mädchen bei der
Feldarbeit. Das Mädchen trug eine Schürze und Schuhe,
die längst ausgedient hatten. Deutlich sah man, dass dieses
Mädchen Oma war. Die Gesichtszüge waren die gleichen
geblieben und der Ausdruck ihrer Augen hatte sich nur
gering verändert. Seite um Seite blätterte Finni um, bis
Oma das Album zuschlug und beiseitelegte. „Finni, lieber
möchte ich dir aus meinem Leben erzählen, als dir Bilder
aus längst vergangener Zeit zu zeigen", sprach sie. Dann
bedeckte sie ihre Beine mit der Decke, die immer schon
hier gelegen hatte und Finni vertraut war. Sie lehnte sich
an Oma, legte ihren Kopf an deren Schulter und lauschte
gespannt.
„Es war einmal", begann Oma zu sprechen, „eine junge
Frau, die nach einer harten Kindheit voll von Arbeit und
Hunger die Welt entdecken wollte." Finni wunderte sich
über Omas Art zu erzählen, als wäre von einem anderen

Menschen die Rede.

„Einst arbeitete sie in einem Büro, schrieb auf der Schreibmaschine und verdiente gerade genug Geld, um leben zu können. Und auch wenn das Geld stets knapp war, legte sie sich Monat für Monat ein paar Münzen zur Seite. Diese sammelte sie in einer kleinen Schale unter ihrem Bett."

Finni hörte aufmerksam zu und streichelte Omas Hand, die mit geschlossenen Augen fortfuhr.

„Und diese junge Frau", so sprach Oma geheimnisvoll, „hatte einen großen Traum. Sie wollte ans Meer und sich von den Wellen treiben lassen. Du musst wissen, Finni, dass die Natur von großer Kraft ist und das Wasser des Meeres überwältigend sein kann."

Finni blickte zu Oma auf, die jetzt lächelte. „Erzähl bitte weiter! Ich will wissen, ob du dir den Traum erfüllen konntest." Und Oma tat, worum Finni gebeten hatte.

„Viele Jahre hatte es gedauert, bis genug Geld da war, um sich die Reise ans Meer leisten zu können. Und dann war es soweit. Die junge Frau nahm all ihren Mut und sämtliche Münzen zusammen und stand alleine am Bahnhof, um auf den Zug zu warten, der sie zum Meer bringen sollte. Eine anstrengende Fahrt lag vor ihr. Viele Stunden im Zug brachte sie hinter sich, bestritt einen langen Fußmarsch und es war bereits Nacht geworden, als sie ihr Ziel erreichte. Von weitem konnte sie es hören, das Meer mit seinen kraftvollen Wellen, die ihr Lied sangen und an Felsen ihr Ende fanden."

Finni saß dort, neben Oma, mit geschlossenen Augen und versuchte sich all das vorzustellen. Sie war noch nie am

Meer gewesen und es fiel ihr schwer, Omas Beschreibungen zu folgen. Aber sie lauschte ihnen und in Omas Stimme lag eine Leichtigkeit, die ihr zuvor nie aufgefallen war.

„Das Kleid der jungen Frau war schmutzig, die Schuhe kaputt und die Haare verfilzt. Aber sie hatte in diesem Moment ihr Glück gefunden und spürte den weichen Sand unter den Füßen. Der Himmel bedeckte das Meer mit Dunkelheit und aus weiter Ferne vernahm sie das Krächzen einer Möwe, die noch nicht in den Schlaf gefunden hatte. Das Meer jedoch tobte und schien sich der Nacht nicht ergeben zu wollen. Unaufhörlich schlugen Wellen an die Felsen und trotz all dieser Kräfte lag ein Frieden in der Luft. Es roch nach dem Salz des Meeres und die junge Frau war offenbar hier alleine. Da stellte sie sorgsam beide Schuhe nebeneinander und legte ihr Kleid ab. Sie tat, wovon sie immer geträumt hatte. Schritt für Schritt ging sie weiter ins Wasser und jede Welle, die ihre Beine umspülte, erfüllte sie mit Zufriedenheit."

Sie stoppte die Geschichte und Finni warf ihr einen erwartungsvollen Blick zu. „Oma", fragte sie, „warum erzählst du von dir, als ginge es um jemand anderen?" Oma seufzte. „Weil ich längst nicht mehr die bin, von der ich erzähle. Ich bin alt geworden und habe die Vergangenheit hinter mir gelassen. Die Wellen aber, die spüre ich noch heute in mir." Finni verstand nicht, was Oma ihr damit sagen wollte. „Aber du kannst doch nochmal ans Meer fahren", sagte sie aufmunternd, weil es ihr weh tat, ihre Großmutter so reden zu hören.

Oma lächelte und schüttelte leicht, und doch bestimmt den

Kopf. „Ich brauche das nicht mehr. Wenn ich die Augen schließe und mich zurückdenke, bin ich noch heute dort. Ich fühle, wie sich meine Beine den Wellen ergeben, ich höre das Rauschen des Meeres in all seiner Kraft. Was ich erlebt habe, ist nicht einfach weg. Immer wieder, wenn es mir an Mut fehlt, denke ich an diese Zeit zurück. An diesen großen Traum, der sich mir erfüllt hat. Es ist ein großes Geschenk, Finni", sagte sie und beugte sich zu ihrer Enkelin, die sie vom ersten Tage an geliebt hatte, „wenn man es schafft, sich den Größten aller Träume zu erfüllen. Dafür bin ich dankbar."

Finni nickte und bewunderte Oma. Diese rückte sich die Decke zurecht, räusperte sich und begann zu flüstern, als befände sich noch jemand im Raum. „Sei so lieb, geh ins Schlafzimmer und sieh unter mein Bett. Hol das Schälchen!", bat sie.

Finni tat, worum sie gebeten wurde. Gespannt schaute sie unter Omas Bett und zog ein violettes Schälchen hervor, in dem viele Münzen lagen. Erstaunt brachte sie die kleine Schale zu Oma und sah sie fragend an. Omas hellblaue Augen blitzten auf und sie klopfte auf den Platz neben sich, um ihre Enkelin nah bei sich zu haben. Finni setzte sich, die Schale lag in ihrer Hand und ehrfürchtig staunte sie über die vielen Münzen.

„Wenn ich einmal nicht mehr bin", sprach Oma, „und du denkst fest an mich, besuche mich nicht auf dem Friedhof, sondern fahr ans Meer! Dort werde ich sein. Irgendwo in den Wellen, oder im Wind, der sie vorwärts treibt. Vielleicht hörst du meine Stimme in der einer Möwe, oder du gehst nackt ins Wasser, wie ich es einst tat. Die

Münzen habe ich für dich gesammelt, damit du es mir nachmachen und dich mir näher fühlen kannst, wenn wir nicht mehr zusammen hier sitzen."

Finni spürte Tränen der Rührung in sich aufsteigen. Noch nie hatte Oma von der Zeit gesprochen, in der sie nicht mehr da sein würde. Und doch wusste Finni natürlich, dass sie nicht ewig hier sitzen würden. Finni begann zu weinen und Oma nahm sie liebevoll in den Arm. „Ich hab noch nicht vor zu gehen, mein gutes liebes Mädchen! Du brauchst nicht zu weinen, schon gar nicht um mich. Was hinter mir liegt, ist gut und die Wellen des Lebens tragen mich noch ein Weilchen. Aber wenn meine Zeit gekommen ist, so versprich mir, besuchst du mich am Meer." Finni blickte auf, nickte und antwortete: „Fest versprochen, ich werde ans Meer fahren, wenn es soweit ist. Und dann hoffe ich, dich dort zu finden."

„Das wirst du", sprach Oma und zwinkerte ihr verheißungsvoll zu.

Die beiden hatten eine Vereinbarung und Finni würde ihr Versprechen halten. Das Schälchen würde sie wieder unter Omas Bett stellen, bis die Zeit gekommen wäre, ihr Wort zu halten.

Und eines Tages, so war sie sich sicher, würde sie Omas Stimme im Wind vernehmen, während die Wellen an den Felsen ihr Ende fänden.

Joy und die ewige Liebe

Weiß und unaufhörlich fielen die Schneeflocken an diesem Vormittag vom Himmel. Joy saß auf ihrem Bett und sah dem Spiel der Flocken zu. Von links nach rechts und doch gerade runter, ein einziges Schneeflockenchaos. Mal wild und ungestüm, mal zart und sanftmütig.
Und so gerne hätte sich Joy darüber gefreut, aber es wollte ihr einfach nicht gelingen. So senkte sie den Kopf und betrachtete nachdenklich die kleine Schneekugel in ihrer Hand. Wenn man diese schüttelte, konnte man auch Schneeflockenchaos sehen. Schneeflocken neben und über Omas Foto, das sich im Inneren der Kugel befand.
Die Schneekugel hatte ihr Oma vor ein paar Wochen geschenkt. „Damit du mich nie vergisst!", hatte sie dabei gesagt und verschmitzt gelächelt. Das hatte sie immer getan.
Auch in der letzten Zeit, obwohl sie doch so krank geworden war und an Kraft verloren hatte. Und meistens hatte Oma einen lustigen Spruch auf den Lippen gehabt. Jetzt war das anders.
Oma war gestorben. Einfach so. Und Joy fühlte sich alleine gelassen.
So oft dachte sie an Omas Geruch, an ihre geliebte Strickjacke, an das verschmitzte Oma-Lächeln und ihr Gedicht. Ja, das Gedicht.
Oma hatte es nur für Joy auf ein Blatt Papier geschrieben und ihr vorgelesen.

Wenn ich einmal nicht mehr bin,
sei nicht traurig in dir drin.
Sieh mich in jedem Schmetterling,
und in jedem Blatt im Wind.

Ich bin nicht weg, geh nicht ganz fort,
bin nur an einem andren Ort.
Zwischen uns ist dieses Band,
kennt keinen Ort und auch kein Land.

Spür immer fest in dich hinein,
irgendwo werde ich dort sein.
Und niemals bis du einsam hier,
vergiss mich nie, vertraue mir!

Dann hatten sie das Gedicht zusammen in ein kleines
Schächtelchen gelegt und es unter Joys Bett versteckt.
„Wenn es irgendwann so weit ist", hatte Oma geflüstert,
„und die Traurigkeit dich überkommt, dann nimm das
Schächtelchen behutsam unterm Bett hervor und lege es
wie einen Schatz neben dich!" Joy hatte andächtig
genickt.
Jetzt las Oma nicht mehr vor. Und von Schmetterlingen
oder Blättern im Wind war keine Spur zu sehen. Joy
spürte die Tränen der Sehnsucht in sich aufsteigen. Und
sie erinnerte sich zurück, an so viele Dinge, die Oma ihr
gezeigt hatte.
Einmal wollte Joy der Oma einen Blumenstrauß pflücken.
Und während Oma auf der Picknickdecke im Gras

gesessen und gedöst hatte, hatte Joy angefangen, die schönsten Blumen für Oma auszusuchen. Aber Oma hatte sie vom Pflücken abgehalten, hatte Joy nur zu sich herüber gewunken und sanft ihre Hand gestreichelt. Dann hatte sie ganz geheimnisvoll, wie Oma immer war, tief durchgeatmet und gefragt: „Riechst du den Sommer mit all seiner Wärme, Joy? Alles um uns herum bettet uns warm und weich. Uns werden Farben geschenkt und das Wohlgefühl. Siehst du die Farben, fühlst du dich reich. Pflückst du aber die Blumen, werden sie sterben und verlieren an Farbe." Joy hatte etwas beschämt genickt und verstanden, dass das Leben der Blumen von großem Wert war. Und sie hatte gefragt: „Oma, verlierst auch du an Farbe, wenn du stirbst?" Doch Oma hatte nur gelächelt und ihr graues Haar gezeigt. „Ich habe längst an Farbe verloren", sprach sie, „doch die Wärme des Sommers tobt in mir."

Und so hatten sie nebeneinander gesessen, von den köstlichen Beeren aus Omas Körbchen genascht und den Sommer gespürt. Gemeinsam. Unzertrennlich. Joy und Marta, umgeben vom Sommer, gebettet in der Unzertrennlichkeit.

Joys Gedanken wurden unterbrochen, als jemand an ihre Zimmertüre klopfte. Schnell wischte sie sich die Tränen von den Wangen und schon trat Papa ein. „Joy?", fragte er, „dich kriegt man ja heute gar nicht zu Gesicht. Geht es dir nicht gut?"

Schnell drehte Joy den Kopf beiseite, weil da jetzt wieder diese blöden Tränen waren, die sie verschwommen sehen ließen und einfach nervten. Und weil Oma Papas Mama gewesen war, musste Joy für den Papa jetzt auch ein bisschen stark sein und ihn trösten, anstatt zu weinen. Joy schüttelte den Kopf und sah aus dem Fenster, wie der Schnee nach wie vor alles um sich herum in sein sanftes und doch so stürmisches Weiß kleidete.

Papa setzte sich neben Joy und legte den Arm um sie. Auch er sah aus dem Fenster. So saßen sie da. Joy und Papa, schweigend und vermissend.

„Weißt du", sagte Papa, „als ich so alt war wie du, saß ich im Winter oft mit der Oma vor der Heizung. Wir ließen uns wärmen, sahen nach draußen und sie erzählte mir ihre Geschichten oder dichtete."

Joy nickte. Es war eine schöne Vorstellung. Oma konnte das, wie viele andere Dinge, besonders gut. „Wie kam es eigentlich dazu, dass Oma so schön erzählen und dichten konnte?", fragte Joy. Papa schaute sie geheimnisvoll an, fast wie Oma. In solchen Momenten sah Joy die Ähnlichkeit zwischen den beiden. Papa legte seine Hand auf Joys Brust. Genau an die Stelle ihres Herzens. „Das hatte Oma", sprach Papa, „ein Herz. Alleine das reichte aus. Und alles, was aus dem Herzen kam, ließ Oma einfach sprudeln. Das machte sie so wertvoll."

Joy wusste genau, was er meinte. Sie sah dem Papa ganz tief in die Augen, und so entgingen ihr auch seine Tränen nicht. Und dann platzte es aus ihr heraus. Auch sie weinte jetzt wieder. „Papa", sprach sie, „Oma hat mir versprochen, mich nie ganz alleine zu lassen. Und jetzt ist sie weg. Einfach so." Traurig senkte Joy ihren Kopf. „Sie schrieb mir in einem Gedicht, ich solle sie in jedem Blatt im Wind und in Schmetterlingen spüren. Aber da

draußen", fügte sie hinzu und drehte ihren Kopf dem
Fenster zu, „tollen sich nur die Schneeflocken. Kein
grünes Blatt, kein Schmetterling ist weit und breit."
Joy lehnte sich an Papa und weinte. „Sie hat mich alleine
gelassen!", schluchzte sie.
Da nahm Papa sie in seine starken Arme und weinte mit
ihr. Sie saßen zusammen und schwiegen, bis sie ihre
Augen leer geweint hatten.
Und dann sah Papa seiner geliebten Joy ganz ernst ins
Gesicht und sprach mit seiner sanften Stimme: „Sag nicht,
dass sie dich alleine gelassen hat. Niemanden hat sie
alleine gelassen, gar niemanden." Jetzt senkte Papa
nachdenklich den Kopf. „Oma ist überall. Sie lebt in uns,
legt sich mit all ihrer Wärme über unser Leben. Siehst du
den Zweig des Baumes da draußen, der sich immer wieder
sanft beugt und sich dem Wind ergibt? Und sieht es nicht
ein wenig aus wie Omas Streicheln?"
Da sah Joy es auch und nickte andächtig. Sie stand auf
und öffnete das Fenster. Kalt und befreiend wehte der
Wind und nahm all die Traurigkeit aus Joys Zimmer. Er
trug sie einfach mit sich. Irgendwohin. Papa und Joy
standen dort, mit Gänsehaut am Fenster. Arm in Arm und
ganz verbunden. Oma hatte sie nicht alleine gelassen. Sie
war nur älter geworden und hatte an Kraft verloren. Oma
war immer da – immer und überall. Inmitten jeder
Schneeflocke tobte sie durchs Leben, jeder Windzug
sprach von ihr. Ein jeder Vogel schien sie in seinen
Schwingen mit sich zu tragen, und unterm Bett lag ihr
Gedicht in krakeliger Schrift. Es war ein Versprechen.
Omas Liebe war stärker als die Zeit. Und sie hätte nicht

gewollt, dass Papa und Joy traurig wären. Wahrscheinlich hätte sie darauf bestanden, dass die beiden im Frühling die ersten Sonnenstrahlen mit ihren Händen einfangen, und für kalte Zeiten in ihren Herzen speichern würden.

Als der Frühling kam, war Joy nach wie vor traurig. Es verging nie ganz, ein kleines Stückchen Schmerz blieb zurück. Aber immer wenn die Trauer kam, erinnerte sie sich an das Beugen der Zweige im Wind des vergangenen Winters – und manchmal nahm sie sich das Schächtelchen zur Hand, bettete es wie einen Schatz neben sich und verlor sich in Erinnerungen an Oma und ihre Wärme.

Eines jedoch blieb: Ihre Erkenntnis, Oma hatte sie nicht alleine gelassen. Immer war sie da, und in allem sandte sie ihren Gruß.

In den bunten Blumen der Wiese, im Blütenstaub, der das Land bedeckte, im Windzug, der die Vögel trug. Und in Joy. So tief, dass sie manchmal Omas Gesicht im eigenen Spiegelbild erkannte. Einmal hatte Joy dann ganz fest in den Spiegel gesehen und „Ich liebe dich!" geflüstert. Das hatte sie auch so gemeint. Lieben kann man nämlich nicht nur den, der neben einem sitzt. Oma Marta, die hatte das sicher auch gewusst. Und unter Joys Bett lag noch immer das Gedicht in krakeliger Schrift.

Ein ganz neuer Tag

Die Sonne schien sanft auf die Felder, als Pit sich schon ganz früh auf den Weg machte, um da unten, beim kleinen Bach, sein Morgenritual abzuhalten. Pit war zwölf Jahre alt, in sich gekehrt, oft wurde ihm die Welt da draußen zu laut, zu hektisch, zu kalt.

Morgen für Morgen kam er alleine hier her, um das Rauschen des kleinen Bächleins zu genießen und einen Moment der Ruhe zu finden. Er beobachtete die ersten Sonnenstrahlen des Tages, vernahm das Zwitschern der kleinen Vögel um sich herum. Abermals versank er in Gedanken und genoss die Stille.

Er dachte an Kostas, seinen einzigen und somit besten Freund, den er hier vor zwei Jahren kennenlernen durfte. Eine besondere Begegnung war es für ihn gewesen, und so sollte es bleiben.

Eines Morgens, als er hier am Bach gesessen hatte und in sich selbst versunken war, erspähte er ihn. Kostas war ein groß gewachsener Mann mit etwas zerzausten langen Haaren, einer wallenden Mähne, die im Wind wehte. Falten durchzogen sein Gesicht, Narben erzählten ihre Geschichte, die hohe Stirn schien sich oft gerunzelt zu haben und seine Augen wirkten in sich gekehrt, strahlten aber auch etwas sehr Tröstliches aus.

Es war keine gewöhnliche Begegnung, sie sollte nicht ohne Folgen bleiben.

Kostas und Pit schienen auf eine Weise verbunden, die beiden noch völlig fremd war.

Es dauerte nicht lange, bis sie sich immer öfter

verabredeten und gemeinsam hier am Bach saßen, spazieren gingen oder Pit auf Kostas weichem Sofa lag und den herrlichen Klängen des Klaviers lauschte, auf dem Kostas die wunderschönsten Lieder spielte, die er selbst komponiert hatte.

Seine Musik verband die beiden und es hatte nicht lange gedauert, bis auch Pit sich zum ersten Mal an das Klavier seines Freundes setzen und einige Stücke erlernen durfte. Gemeinsam hatten sie sich das kleine zerschlissene Bänkchen vor dem großen Flügel in Kostas Wohnzimmer geteilt, waren in sanften Klängen aufgegangen, hatten beide dazu beigetragen, Unvergessliches zu erschaffen. Pit brauchte sich nicht zu schämen, wenn er manche Töne nicht klar genug traf, es spielte keine Rolle. Und so saß er mit geschlossenen Augen und einem unübersehbaren Frieden auf dem Gesicht vor dem Flügel, traf Töne oder auch nicht, spürte und brachte zu Gehör, was in seiner Seele lag. Und Kostas lauschte, schloss ebenfalls die Augen und wippte sanft zu Pits Gespieltem.

Die beiden hatten nie viele Worte miteinander gewechselt, und doch kannten sie sich sehr gut. Pit wusste von Kostas schwerer Erkrankung und auch, dass ihm nicht mehr allzu viel Zeit auf dieser Welt bleiben würde.

„Eines Tages", so sprach Kostas leise und sanftmütig wie er war, „trägt mich der Wind mit sich, oder unser kleines Lied." Pit hatte genickt und verstanden.

Kostas fuhr fort: „Fürchte dich nicht vor der Zeit, Pit. Manche Dinge bleiben dir für die Ewigkeit erhalten. Egal was du erleben wirst und wie viel Erfahrung deine Seele sammeln wird, dir bleibt unser kleines Lied und an jedem frühen Morgen die Erkenntnis, dass ein ganz neuer Tag erschaffen wird."

Kostas Gesicht wurde von einem kleinen Lächeln geschmückt, keine Angst war zu sehen und kein Schmerz erkennbar. Aber er schien gealtert zu sein, die Krankheit hatte ihn gezeichnet. Seine großen, sanften Hände schienen am Klavier immer öfter zu versagen und so spielte Pit alle Töne, die Kostas alleine nicht mehr zu spielen schaffte.

So war es auch zu diesem einen, für beide so wichtigen Lied gekommen.

War Pit alleine, so summte er es häufig, gerade hier am Bach. Es trug eine Geschichte in sich, die das Herz auf eine wundersame Art berührte und nur den beiden Freunden zu gehören schien.

Gingen Pit und Kostas spazieren, umgab sie ein Zauber des Ungesagten, viele Worte brauchten sie nicht.

Eines Morgens sollte es anders kommen. Die beiden liefen nebeneinander her, atmeten den Duft des neuen Tages und Pit fröstelte es. Von innen heraus.

„Kostas", sagte er, blieb stehen und blickte tief in die Augen seines besten Freundes, „wenn du nicht mehr bei mir sein wirst, werde ich dich vermissen. Und auch der Welt wird etwas fehlen."

Er spürte die Tränen in sich aufsteigen und ein Moment der tiefen Trauer überkam ihn. Kostas breitete die Arme aus und schlang sie um Pit. So standen sie hier. Nie zuvor waren sie sich näher gekommen. Pit atmete Kostas Geruch tief ein und genoss die Note von Sandelholz, die ihn in sich bettete.

Als sie ihre Umarmung lösten, nahm Kostas Pits Hand und streichelte sie sanft. Er sprach: „Pit, du brauchst mich nicht zu vermissen. Was uns verbindet, ist so viel mehr als ein Spaziergang, ein Blick ins Gesicht des Gegenübers und der kleine Bach da unten." Er zwinkerte Pit aufmunternd zu und fuhr flüsternd fort: „Wir beide sind ein eigener Bach, weißt du? Voll von Bewegung und Tiefgang, umgeben von sanften Klängen. Wenn ich nicht mehr neben dir stehe, wirst du mich ja doch wahrnehmen. Ich bleibe, wenn auch anders als bisher."

Auch wenn diese Sätze für Pit nicht verständlich klangen und er keine Vorstellung davon hatte, wie das funktionieren sollte, nickte er und versuchte, seine Traurigkeit zu überwinden. Kostas große Hand lag auf Pits Schulter und er sagte: „Mach dir keine Gedanken, mein Freund. Sieh doch, auch heute ist wieder ein ganz neuer Tag."

Die Monate vergingen. Das Grau, das Kostas Haare strähnig wirken ließ, schien sich immer mehr in seinem Gesicht zu zeigen. Immer öfter sprach er darüber, müde geworden zu sein.

Die Zeit hatte sich gedreht. Und während Kostas mit geschlossenen Augen auf dem weichen Sofa lag, spielte Pit ihm ihr gemeinsames Lied vor, im Wissen, dass er es nicht mehr allzu oft tun würde. Sanfte Klänge trugen Wehmut, Freundschaft, Zusammenhalt und den Tiefgang des Bächleins in sich, im ganzen Raum tanzten Töne und das Band zwischen Pit und Kostas schien davon gezeichnet. Der Geruch von Sandelholz lag in der Luft und Pit spielte immer wieder das Lied, das sie zeitlos zu verbinden schien.

Als sich die ersten Blätter der Bäume am Bach bunt färbten und der Herbst seine Einkehr verkündete, war es so weit. Der Sommer war gegangen und hatte Kostas mit sich genommen. Pit hatte gespürt, dass es an der Zeit war, sich zu verabschieden. Gemeinsame Spaziergänge hatte es schon seit Wochen nicht mehr gegeben und auch Kostas Gesichtsausdruck hatte sich verändert. Die Müdigkeit hatte ihn gezeichnet, und doch fand Pit daran nichts Beängstigendes.

„Es werden noch viele neue Tage für dich geboren", sagte Kostas, als Pit ihn das letzte Mal in seiner Wohnung besuchte. „Genieße sie! Und wenn ich dir fehle, spiele unser Lied. Irgendwo werde ich sein", fuhr er fort und ließ seinen Blick durchs Fenster Richtung Bach schweifen. Ein leichtes Lächeln lag auf seinen Lippen und zuversichtlich nickte er Pit zu.

Es sollte ihre letzte Begegnung dieser Art gewesen sein. Längst saß Kostas nicht mehr neben Pit, der Geruch von Sandelholz war jedoch geblieben. Und das Lied.

Kostas Klavier stand jetzt in Pits Zimmer, er hatte es ihm hinterlassen. Das alte Klavierbänkchen knarrte vertraut, wenn Pit sich setzte, und ging er spazieren, summte er das Lied. Manchmal war es ihm, als vernahm er Kostas sanfte Stimme, wie sie ihm durch den Wind zuflüsterte und mit ihm summte.

Dann lächelte Pit, spürte das starke Band der

Verbundenheit erneut und freute sich darüber, dass Kostas geblieben war, wie er es ihm versprochen hatte.

Und wenn er fortan am Bach saß, war er sich ganz sicher: Heute war ein ganz neuer Tag.

Danksagung

Ich möchte mich bei allen Menschen bedanken, die an der Entstehung des Buches beteiligt waren.

Danke an Doris, die bereits zum zweiten Mal die Korrekturarbeit übernahm und dafür viel Zeit investierte.
Danke an Sebastian für die Covergestaltung und die spontane Hilfe.
Danke an Lavinia, die sich ebenfalls mit meinen Geschichten befasste und mir weiterhalf.
Und danke an Martin, der mich stets dazu ermutigte, an diesem Buch zu arbeiten und am Ball zu bleiben.
Danke an Domi, der mir den Rücken frei hielt, um dieses Projekt in die Tat umzusetzen.

Katja Kaminski wurde im Jahre 1984 in Augsburg geboren und ist Mutter zweier Kinder. Mit ihrer Familie lebt sie heute wieder in ihrer Heimatstadt. Die Tier-, und Menschenrechtsaktivistin veröffentlichte 2011 ihrer ersten beiden DIY-Kochbücher, bevor sie sich 2014 dem Schreiben von Kinderbüchern zuwandte.
Neben ihrer Tätigkeit als Autorin arbeitet Katja in einem veganen Restaurant als Köchin.

„Die Kunst des Miteinanders" von Katja Kaminski thematisiert in 13 Kurzgeschichten für Kinder ab 5 Jahren auf kindgerechte Art und Weise den Unsinn der Ausgrenzung und Diskriminierung einzelner Individuen. Ohne erhobenen Zeigefinger, aber mit einer Menge Menschlichkeit im Gepäck gelingt es durch dieses Buch, großen und kleinen Leser*innen die Notwendigkeit des Miteinanders vor Augen zu führen.

ISBN: 978-3-7392-4639-0